다시
DJ
그를
그리며

김대중을 향한 문기주의 헌사

목 차

다시
DJ
그를
그리며

문기주

2009년.

우리는 큰 별을 잃었습니다. 민주, 정의, 평화, 화해를 행동으로 몸소 실천하신 우리들의 선생님! 이 단어들은 온전히 그를 상징합니다. 김구 선생님 이후로 정치인에게 선생님이라는 호칭이 붙여진 것은 아마도 그가 처음이자 마지막이 아닐까요? 특히 화해는 그가 이룬 가장 아름다운 덕목입니다. 세간에 알려진 그는 어쩌면 그가 아닙니다. 김구 선생님처럼 그는 투사도 아니었고, 또 어쩌면 정치가도 아니었습니다. 그는 그냥 남북을 모두 사랑한 우리들의 소박한 초등학교 선생님이었습니다.

그는 결코 웅변가가 아닙니다. 그는 결코 선동가가 아닙니다. 그의 말과 표정은 너무 침착하고 차분했습니다. 그는 그냥 가을 코스모스를 사랑했고, 우리가 익히 아는 대중 시인들과 대중 가수들, 영랑과 미당, 이난영과 남인수를 사랑한 어쩌면 아주 평범한 사람이었습니다.

> 나의 살던 고향은 꽃 피는 산골
> 복숭아꽃 살구꽃 아기 진달래
> 울긋불긋 꽃 대궐 차린 동네
> 그 속에서 놀던 때가 그립습니다

〈고향의 봄〉[1]은 그가 가장 많이 불렀고, 가장 애송하던 노래 중 하나였습니다. 바로 그것이 그를, 오늘의 그를 만들었습니다. 그동안 비겁하게 형성되어온 정치 권력은 그를 비틀었습니다. 공권력뿐만 아니라 언론이라는 권력마저 그를 고문했으며 한때는

---

1) '고향의 봄'은 이원수 작사, 홍난파 작곡으로 1923년경에 만들어졌다.

그를 권력에 미친 병자로 만들었습니다. 그러나 그는 거인이었습니다. 누구도 따라올 수 없는 안목을 가졌으며, 특히 아직도 완전하게 독립하지 못한 이 못난 조국을 위해 평생을 헌신한 사람입니다. 공과야 어찌 됐든 우리나라 민주주의의 거목이었습니다.

(이 헌사(獻詞)에서 김대중, 김영삼은 DJ와 YS로 명기합니다.)

 이제 과연 누가 있어, 그의 평화적 남북통일론을 완성할 수 있을까요! 그는 너무 일찍 피어 가여운 가을꽃이었습니다. 그러나 그는 차가운 이슬을 마다하지 않았으며, 마침내 꽁꽁 언 겨울 속으로 표표히 떠난 사람입니다. 놀랍게도 이 세상 떠나는 순간까지 그는 그 누구도 원망하지 않은 참 정치인이었습니다. 그가 떠난 자리에 드리운 거인의 뒷그림자, 그 발자국…. 버겁고 힘들지만 제 나름대로 그의 발자취를 따라가려 합니다. 그러나 이 여정에서 그를 핍박했던, 그와 경쟁했던, 그를 사지로 몰아넣었던 그 모든 사람을 폄하하지는 않을 것입니다. 그게 그의 필생의 좌우명이었으니까요. 그가 가지고 있던 인간적인 약점들, 그것은 비단 그뿐만이 아니라 우리 정치인들 모두가 가지고 있던 것이니까요.

 열렬한 권력을 향한 의지에서 비롯된 그와 YS와의 단일화 결렬과 또 처참했던 대선에서의 3번째 패배 후 정계를 은퇴하고, 다시 복귀를 선언한 과오 같은 것은 여기에서 세밀히 쓰지 않을 생각입니다. 이러한 과정은 평생의 염원이었던 남북통일을 이루겠다는 마음, 통일이 안 되면 일단 남북의 평화공존만이라도 이루겠다는 의지에서 비롯된 일이었으니까요.

 그는 이 나라 분열을 가장 걱정했던 정치인입니다. 이 나라의 완전한 통합을 위하여 온 힘을 다한 정치인입니다. 남북의 분열과 분단뿐만 아니라 말도 안 되는 동서의 갈등을 가장 걱정한 사람입니다. 비록 작지만, 지구상의 어떤 나라보다도 아름다운 대한민국을 완전체로 만들기 위해 늘 동분서주하다 오히려 그로 인해 평생 가시밭길을 걸었던 사람입니다.

 퇴임 후 2006년 10월 29일, 목포의 전남도지사 관사에서 전남도청을 방문하고 방명록에 '무호남 무국가(無湖南無國家)'라고 한자를 적었습니다. 그 후 약 5분 동안 전남의 업무보고를 받은 후 방명록을 다시 펼쳐 '이충무공 왈'이라고 덧붙이며 자신의 말이 아니라 이순신 장군의 말을 인용했다는 뜻을 표시했습니다. 그러나 일부 언론은 그야말로 벌떼처럼 달려들어 그를 물어뜯었습니다. 그러나 그는 아무런 응답도 하지 않았습니다. '무호남 무국가'의 본래 뜻은 '약무호남 시무국가(若無湖南是無國家)[2]'로 지역주의와는 전혀 무관합니다. 이 세상 어느 대통령이 고향에 가서 자신의 고향이 없으면 나라가 없다는 그런 어리석은 글귀를 남길까요. 참으로 안타까운 일입니다. 더구나 그는 평생 서푼 어치도 안 되는 지역색이라는 굴레에 빠져 가는 걸음마다 눈물지었던 사람입니다.

 사공의 뱃노래 가물거리면
 삼학도 파도 깊이 스며드는데
 부두의 새악씨 아롱 젖은 옷자락
 이별의 눈물이냐 목포의 설움

---

2) '약무호남 시무국가'라는 말은 1593년 7월 16일에 이순신 장군이 사헌부 지평 현덕승에게 보낸 편지의 내용이다. 임진왜란 당시 전라도 지역으로부터 병력과 물자가 조달되지 않았다면 조선은 왜군을 물리칠 수 없었을 것이다. 이순신 장군은 '호남국가지보장 약무호남시무국가(호남은 국가의 보장이니 만약 호남이 없으면 곧 국가도 없다)'라는 글을 남겨 호남의 중요성을 일러주었다.

〈목포의 눈물〉[3]은 1935년 초『조선일보』에서 향토노래 현상 모집을 실시했고, 거기서 당선된 가사에 곡을 붙여 9월 신보로 발매되었습니다. 1936년 일본에서도 음반이 발매되었고, 애상적인 멜로디는 일본인에게도 적지 않은 사랑을 받았습니다. 저 또한 어릴 때부터 이 노래를 들으면 공연히 눈물이 흘러내렸습니다. '삼백 년 원한 품은 노적봉 밑에 님 자취 완연하다…'로 시작되는 2절의 가사가 문제되어 가사지를 인쇄할 때에는 고친 가사를 표기하기도 했습니다.

이 좁은 한반도에서 지역을 나눌 것도 없지만, 소위 호남인이라고 하면 누구나 눈물이 나는 이 노래, 바로 그 마음, 그는 이 노래처럼 애처롭게 그렇게 살다간 사람입니다. 그렇다면 이 노래를 특정 사람들만이 사랑할까요? 아닙니다. 절대 아닙니다. 우리나라 모든 국민이 사랑했고, 지금까지도 사랑하는 노래입니다. DJ는 호남의 간절한 응원을 받기도 했지만, 그로 인해 엄청난 핍박과 박해를 받은 사람입니다. 그가 왜 남북문제에 그토록 집착했을까요?

남북문제 해결이 곧 동서문제의 해결도 된다는 것을 일찍이 알고 있었던 것입니다. 우리는 지금 대한민국을 목청껏 연호하지만, 아직도 부모, 형제끼리 편지 한 장 왕래하지 못하는 세계 유일의 분단국가에 살고 있습니다. 이 문제가 해결되지 않고 어떻게 대~한민국을 연호할 수 있을까요? 그는 누구보다도 그것을 가슴 아파했으며, 남북문제의 평화로운 해결을 위해 죽는 날까지 노심초

---

3) '목포의 눈물'은 문일석 작사, 손목인 작곡으로 1935년 발매되었으며 이난영이 노래하였다.

사한 사람이었습니다. 그런 그가 호남에 가서 호남만이 귀중하다고 했겠습니까! 삼척동자도 웃을 일에 당시 언론은 뭇매를 때렸습니다. 그러나 그는 별달리 변명하지 않았습니다.

"역사는 우리에게 진실만을 말하지 않는다. 그러나 역사는 시간 앞에 무릎을 꿇는다. 시간이 지나면 역사의 진실을 알게 될 것이다."

그런데 대체 얼마나 더 많은 시간이 지나야 역사의 진실이 드러날까요? 그래도 이 끝없는 길을 또 가야 하는 걸까요? 그는 다시 우리의 등을 떠밉니다. 그가 역사의 손에 등이 떠밀렸던 것처럼, 이미 역사가 된 그는 또 우리를 다독입니다.

"우리는 아무리 강해도 약합니다. 두렵다고 겁이 난다고 주저앉아만 있으면 아무것도 변화시킬 수 없습니다. 두렵지 않기 때문에 나서는 것이 아닙니다. 두렵지만 나서야 하기 때문에 나서는 것입니다. 그것이 참된 용기입니다."

오늘날 그를 다시 그리며 책을 내는 것은, 두렵지만 나서야 하기 때문입니다. 참된 용기를 보여줘야 하기 때문입니다. 저와 함께 나서는 한 발자국이 돼주시길 희망해 봅니다.

〈다시 DJ 그를 그리며〉가 출간되기 전까지 연세대학교 김대중 도서관에서 출간에 들어가는 사진 사료 등을 지원해 주셨습니다. 아시아 최초 대통령 도서관에 우리가 간직하고 기록되어야 할 자료를 영원히 기억할 수 있게 해주심에 감사드리며, 아울러 출간을 위한 자료는 위키백과에서 참조하여 저술하였음을 알려드립니다.

역시 DJ
다웠다

조국은 하나다

우리에게 아무것도 해준 게 없어

역시 DJ 다웠다

청와대에서 만납시다

불행히도 역사에는 가정이 있을 수 없다

다섯 번의 죽을 고비

납치, 감금, 옥고, 그것이 DJ의 삶

그래도 낭만의 三金시대

조국은 하나다

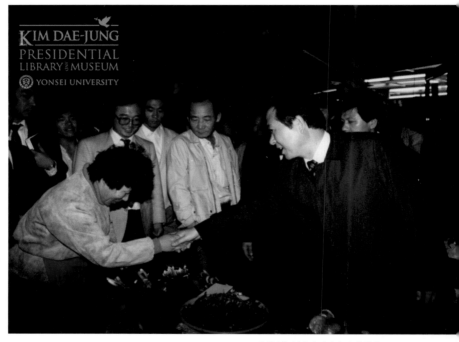

선생님은 언제나 서민의 곁에 있다 1987.11.04

그가 재직하는 동안 오히려 호남의 도시들은 점점 더 쇠퇴해졌습니다. 전남 나주, 전북 남원, 김제, 정읍 등 그가 대통령이 되면 그동안 낙후된 향촌을 일으킬 수 있다며 기대했던 사람들은 오히려 호남의 도시들이 점점 쇠락해져 가는 것을 보고 그를 원망했습니다. 그러나 그는 거기에 대해서도 아무런 반응을 하지 않았습니다. 그는 그런 사람이었습니다. 그는 결코 한 지역의 지도자가 아니었으며 그것을 단호히 거부했습니다. 그러했기에 훗날 그의 평생 지침이 된 시를 쓴 후배 김남주를 사랑했습니다.

조국은 하나다

"조국은 하나다"
이것이 나의 슬로건이다
꿈 속에서가 아니라 이제는 생시에
남 모르게가 아니라 이제는 공공연하게
"조국은 하나다"
권력의 눈앞에서
양키 점령군의 총구 앞에서
자본가 개들의 이빨 앞에서
"조국은 하나다"
이것이 나의 슬로건이다

나는 이제 쓰리라
사람들이 오가는 모든 길 위에
조국은 하나다라고
오르막길 위에도 내리막길 위에도 쓰리라
사나운 파도의 뱃길 위에도 쓰고
바위로 험한 산길 위에도 쓰리라
밤길 위에도 쓰고 새벽길 위에도 쓰고
끊어진 남과 북의 철길 위에도 쓰리라
조국은 하나다라고

나는 이제 쓰리라
인간의 눈이 닿는 모든 사물 위에
조국은 하나다라고

눈을 뜨면 아침에 맨처음 보게 되는 천장 위에 쓰리라
만인의 입으로 들어오는 밥 위에 쓰리라
쌀밥 위에도 보리밥 위에도 쓰리라

나는 또한 쓰리라
인간이 쓰는 모든 말 위에
조국은 하나다라고
탄생의 말 응아 위에 쓰리라 갓난아이가
어머니로부터 배우는 최초의 말 위에 쓰리라
저주의 말 위선의 말 공갈협박의 말……
신과 부자들의 말 위에도 쓰리라
악마가 남긴 최후의 유언장 위에도 쓰리라
조국은 하나다라고

나는 또한 쓰리라
인간이 세워놓은 모든 벽 위에
조국은 하나다라고
남인지 북인지 분간 못하는 바보의 벽 위에
남도 아니고 북도 아니고
좌충우돌하다가 내빼는 망명의 벽 위에
자기기만이고 자기환상일 뿐
있지도 않는 제3의 벽 위에
체념의 벽 의문의 벽 거부의 벽 위에 쓰리라
조국은 하나다라고
순사들이 순라를 돌고
도둑이 넘다 떨어져 죽은 부자들의 담 위에도 쓰리라
실바람만 불어도 넘어지는 가난의 벽 위에도 쓰리라
가난의 벽과 부의 벽 사이를 왔다갔다하면서

갈보질도 좀 하고 뚜쟁이질도 좀 하고
그래 돈도 좀 벌고 그래 이름 좀 팔리는 중도좌파의
벽 위에도 쓰리라
조국은 하나다라고

나는 또한 쓰리라
노동과 투쟁의 손이 미치는 모든 연장 위에
조국은 하나다라고
목을 베기에 안성맞춤인 ㄱ자형의 낫 위에 쓰리라
등을 찍어내리기에 안성맞춤인 곡괭이 위에 쓰리라
배를 쑤시기에 안성맞춤인 죽창 위에 쓰리라
마빡을 까기에 안성맞춤인 도끼 위에 쓰리라
아메리카 카우보이와 자본가의 국경인 삼팔선 위에도 쓰리라
조국은 하나다라고

대문짝만하게 손바닥만한 종이 위에도 쓰리라
조국은 하나다라고
오색종이 위에도 쓰리라 축복처럼
만인의 머리 위에 내리는 눈송이 위에도 쓰리라
조국은 하나다라고
바다에 가서도 쓰리라 모래 위에
파도가 와서 지워버리면 나는
산에 가서 쓰리라 바위 위에
세월이 와서 긁어버리면 나는
수를 놓으리라 가슴에 내 가슴에
아무리 사나운 자연의 폭력도
아무리 사나운 인간의 폭력도
지워버릴 수 없게 긁어버릴 수 없게
가슴에 내 가슴에 수를 놓으리라

누이의 붉은 마음의 실로
조국은 하나다라고

그리고 나는 내걸리라 마침내
지상에 깃대를 세워 하늘에 내걸리라
나의 슬로건 "조국은 하나다"를
키가 장대 같다는 양키들의 손가락 끝도
언제고 끝내는 부자들의 편이었다는 신의 입김도
감히 범접을 못하는 하늘 높이에
최후의 깃발처럼 내걸리라
자유를 사랑하고 민족의 해방을 꿈꾸는
식민지 모든 인민이 우러러볼 수 있도록
겨레의 슬로건 "조국은 하나다"를!

인동초여 칠천만 가슴속에 피어나라 환송식에서
1993.01.26

김남주는 전라남도 해남 출신으로, 80년대 정치적인 탄압 때문에 잡지나 시집으로 나오기 전에 지하 출판물을 통해 독자들에게 더 많이 알려지기 시작했던 특이한 시인이지요. 물론 저도 부모님과 같이 존경하는 시인입니다. 그는 저와는 아주 다른 사람이었습니다. 그는 죽는 날까지 DJ처럼 하나된 조국을 꿈꾸었습니다. 저는 그와 같이 되고자 죽을 힘을 다해 질주했지만 살기 위해 몸부림치다 보니 마음만 그에 닿아있었을 뿐, 현실은 그와 동떨어진 도회의 삶을 살게 된 것이 못내 아쉽고 부끄럽습니다.

김남주 시는 이 땅의 독재와 싸우는 무기였고 한편으로는 자기 자신의 일상에 안주하여 부정과 불의를 눈감으려는 소시민적 태도에 가해진 날카로운 채찍이었습니다. 오직 시만을 꿈꾸던 저에게는 그것이 비수였지요. 그의 시를 읽고 잠을 이룰 수 없었습니다. 저 또한 DJ처럼 김남주 형이 쓴 시를 눈물로 외웠습니다. 지금도 절절히 우리 가슴 속을 파고드는 〈조국은 하나다〉는 대한민국의 여전한 미완성 숙제입니다.

이 가을에 나는
김남주

이 가을에 나는 푸른 옷의 수인이다
오라에 묶여 손목이 사슬에 묶여
또 다른 곳으로 끌려가는

어디로 가는 것일까 이번에는
전주옥일까 대전옥일까 아니면 대구옥일까

김남주 시처럼 DJ는 푸른 옷의 수인이었습니다. 김남주 시처럼 그의 조국은 하나였습니다. 그는 내리고 싶었습니다. 아이들이 염소에게 뿔싸움을 시키고 있는 저 방죽가로 가고 싶었습니다. 가서 그들과 함께 일하고 놀고 싶었습니다. 이 허리 이 손목에서 오라 풀고 사슬 풀고 발목이 시도록 들길 한번 걷고 싶었습니다. 하늘 향해 두 팔 벌리고 논둑길 밭둑길을 내달리고 싶었습니다. 자신의 집으로. 그러나 그를 태운 압송차는 멈춰주지를 않았고, 그는 그 압송차에서 외쳤습니다.

청주교도소에서 입었던 푸른색 수의 1981.01.31

최후까지 민주주의 · 남북관계 후퇴 방관 말라.

 그것이 그의 마지막 유언이었습니다. 그는 출신 지역이 호남이라는 것이 문제라고 비난받았습니다. 너무 똑똑해도, 노벨평화상을 타도 안 되는 나라. 하지만 대한민국을 너무 사랑했습니다. 인동초를 자처해온 그. 그래서였을까요. 일생을 고통과 질시, 핍박 속에서도 꿈을 이룬 국민 대통령이었습니다. 한겨울에도 꽃을 피워내는 인동초처럼.

우리에게 아무것도 해준 게 없어

DJ는 1924년 1월 6일 전라남도 신안 하의도에서 아버지 김운식과 어머니 장수금 사이에서 태어났습니다. 훗날 DJ의 호인 후광은 후광리 마을의 이름에서 따온 것입니다.

신안군 하의도는 유인도 9개, 무인도 49개 도서로 구성된 하의면의 본 섬입니다. 백과사전이나 하의도 안내 책자에는 하의도가 연화부수형의 지형인데 연꽃으로 만든 옷 모양이라 하의도(荷衣島)라 했다고 설명하고 있지만, 하의도의 옛 이름은 고이도 혹은 고의도였습니다.

"DJ는 우리에게 아무것도 해준 게 없어."

DJ가 대통령이 되고 퇴임한 후에 하의도 주민들은 노골적으로 DJ에 대한 섭섭함을 토로했습니다. 정말 놀라운 일입니다. 참으로 자랑스러워해야 할 그를 두고 손사래를 칩니다. 그러나 하의도 주민들의 섭섭함은 역으로 DJ가 얼마나 공명정대한 대통령이었는가를 알려주는 증표이기도 합니다. 고향이라고 특별히 혜택을 주지도 않고 고향이 아니라고 차별하지도 않은 공평무사(公平無

고향 사람들 앞에서 말씀하시는 모습을 바라보고 있는
하의도 사람들 1987.09.09

私)한 지도자였으니까요.

하의도 주민들은 하의도가 우리나라 농민운동사의 기념비적인 땅이라는 자부심을 가지고 있습니다. 권력자에게 빼앗긴 농토를 찾기 위해 주민들이 일치단결하여 330년이나 싸웠고, 마침내 땅을 되찾은 불굴의 정신이 깃들어 있는 섬이니까요. 세계적으로도 유례가 없는 한국의 대표적인 농민항쟁이었습니다. 하의도 농민들의 불굴의 정신이 DJ라는 인물을 키운 자양분이었습니다. 늘 약자의 편이 되어주는 정의로운 지도자, 그리고 오히려 그런 지도자를 고깝게 여기는 하의도 주민들, 역사의 아이러니가 아닐 수 없습니다.

이런 고장에서 태어난 DJ는 1936년 하의보통학교 3학년 때까지 어린 시절을 이곳 바닷가에서 보내게 됩니다. 그 후 목포 북초등학교로 전학하면서 생가는 헐리고 마늘밭으로 변하여 생가터였음을 알리는 표지판만이 서 있었는데, 종친들이 중심이 되어 성금을 모으고 복원사업을 시작했습니다. 대구 노인복지대학 노인회에서는 120만 원을 모금해 보내오기도 했습니다.

김대중이 15대 대통령으로 당선 확정되자 기뻐하는 하의도 주민들 1997.12.19

터만 남아있던 곳에 어은리 마을에 살던 주민으로부터 집을 사들여, 대지 746평, 건평 18평의 목조 초가 본체 6칸을 지었습니다. 마침내 1999년 9월, 60여 년 만에 DJ가 태어나서 어린 시절을 보냈던 생가가 옛 모습을 되찾게 되었습니다. 그의 생가는 복원된 후 신안군에 기증(신안군 향토자료 제23호)되었으며, 신안군에서는 복원된 DJ 대통령 생가를 관광 자원으로 활용하기 위해 주변에 화장실과 같은 기본시설을 갖춰 찾아오는 관광객을 맞이하고 있습니다. 1992년 대통령 선거 무렵에는 생가터가 있는 후광리에 수백 명의 국내 기자와 외신 기자들이 몰려드는 진풍경을 연출하기도 했습니다.

하의도를 찾는 사람들이 DJ 생가와 함께 꼭 찾아가는 곳이 있습니다. 큰바위 얼굴입니다. 어은리 앞 무인도인 죽도의 형상이 마치 사람 얼굴처럼 보인다고 해서 붙여진 이름이지요. 그 얼굴에서 사람들은 당연히 DJ 전 대통령의 얼굴을 떠올립니다. 하지만 원래 죽도의 바위는 사자바위라고 불렸었습니다.

옛날 옛적 어은리 피섬 마을 뒷산에 고승 한 분이 암자를 짓고 큰 수사자를 키우며 수도생활을 했습니다. 그런데 피섬 마을에는 큰 호랑이가 자주 출몰해 사람과 가축들을 해쳤습니다. 피섬 마을 사람들은 고승께 도움을 청했고, 고승은 수사자와 함께 호랑이 사냥에 나서 호랑이를 사로잡았습니다. 고승은 호랑이를 마을 앞산의 석굴에 가두어버렸습니다. 하지만 애석하게도 고승과 사자는 호랑이 사냥 중에 큰 부상을 입어 죽음을 맞이하고 말았습니다. 마을 사람들은 하늘의 계시를 받고 죽도에 고승과 사자의 시신을 묻었습니다. 이후 죽도는 점차 갈기 무성한 사자가 웅크리고 있는 형상으로 변했습니다. 순하지만 갈기가 무성한 수사자 말입니다. 그래서 주민들은 이를 사자바위라 부르게 되었습니다. 또 호랑이를 가두었던 바위는 범바위라 불렀습니다. 그 사자의 얼굴이 어느 때부턴가 점차 사람의 얼굴로 변해갔습니다. 사람들은 그 바위를 볼 때면 DJ의 넓은 얼굴을 떠올렸습니다. 웅혼하고 순박했던 그 얼굴 말이지요.

DJ가 그의 고향 하의도를 마지막으로 방문한 것은 2009년 4월이었습니다. 그해 5월 23일, 노무현 전 대통령이 서거했고 '내 몸의 반이 무너진 것 같은 심정'이라고 상실감을 토로했던 DJ도 8월 18일 그 뒤를 따랐습니다. 마지막 고향 방문길에 "다섯 번의 죽을 고비를 넘기고, 6년 반의 감옥살이를 했으며, 20여 년간 연금과 감시 속에서 살았고, 3년 반의 망명 생활도 했지만 하의3도 농민들의 불굴의 정신을 가지고 끝까지 투쟁했다."고 토로했습니다. 하의도가 그를 키운 것입니다. 장차 수사자 바위가 되고 싶었던 그가 드디어 한반도의 수사자가 된 것입니다. 하지만 그는 이승을 하직하였고, 반드시 민주주의를 지키자는 말은 유언 아닌 유언이 되고 말았습니다.

고향 하의도를 방문하여 고향사람들 앞에서 말씀하시는 장면 1987.09.09

행동하지 않는 양심은 악의 편이고
방관하는 것도 악의 편이다.

다시 민주주의에 위기가 왔다.
방관하지 말고 민주주의를 지켜나가자.

1910년 하의도는 인구 1만 명 이내였으며, 수많은 우여곡절 끝에 대한제국 고종의 고명딸인 덕혜옹주의 소유가 되었습니다. 덕혜옹주가 소 다케유키와 결혼하자 하의도의 소유권은 다시 일본제국으로 넘어갔고, 섬 전체가 동양척식주식회사의 소유가 되었습니다. 주민들은 일시에 소작농으로 전락해 버렸습니다.

아버지 김운식은 조선인 소작인들을 대표하여 일본인들에게 항의나 진정을 내곤 했습니다.

"내가 태어난 하의도의 토양이 민족과 같이 불의에 항거하는 힘을 주었습니다."

역시 DJ 다웠다

3대 민의원 선거 무소속 후보 출마기념 1954.05.20

   DJ는 1951년 3월, 목포해운회사(현 흥국해운) 사장에 취임했고 같은 해
전남해운조합 회장, 한국조선조합 이사로 취임했습니다. 한국전쟁이 끝나
고 1954년 3대 국회의원 선거에 목포시 무소속으로 출마하였으나 낙선했습니
다. 낙선 이후 해운회사를 처분하고 상경하여 잡지 《태양》을 발행하면서 웅변
학원을 운영했고, 1955년 10월에는 당시 대한민국에서 상당한 영향력을 발휘
하고 있던 《사상계》에 '한국노동운동의 진로' 등 여러 편의 노동문제 글을 기고
하며 정계 진출의 꿈을 키우게 됩니다.

1950년대 후반, 김철과 같은 정치인들과 교류를 맺던 DJ는 장택상 전 총리와 만나게 되고 그의 참모로 잠깐 활동하는 등 점차 정치계 활동을 늘려나갑니다. 1955년 소설가 박화성의 소개로 박순천, 조재천 등과 같은 야당 인사들을 알게 되어 민주당에 입당하게 됩니다. 그 이듬해인 1956년 9월 28일, 민주당 전당대회에서 장면 저격 사건을 목격하게 된 DJ는 장면과 인연을 맺게 되었고, 1957년 장면을 대부로 노기남(당시 서울대교구장) 대주교 집무실에서 천주교 영세를 받고 '토마스 모어'라는 세례명을 받게 됩니다. 같은 해 8월엔 민주당 중앙상임위원과 노농부 차장이 되었습니다.

1957년 대한웅변협회 부회장에 선출되었으며 당시 한영고등학교에 재학 중이던 김상현을 만난 이후엔 서로 호형호제하는 사이로 발전하였습니다. 1958년 4대 국회의원 선거 민주당 후보로 강원도 인제에 출마하려 했으나 자유당 나상근 후보가 중복추천을 통해 등록무효를 시켜 출마조차 하지 못했습니다. 그 뒤 나상근 당선인이 당선무효 판정을 받아 1959년 재보선에 다시 민주당 후보로 출마했으나 자유당 전형산 후보가 제기한 색깔론에 의해 낙선하였습니다.

설상가상으로 1959년에는 부인 차용애가 병으로 사망하며 힘겨운 정치 초년기를 보냈습니다. 같은 해 7월엔 민주당 강원도지구당 부위원장에 선출되었고 11월에는 민주당 강원도 인제군 지구당 위원장이 되었습니다. 그리고 1960년 민주당 기획위원 겸 대변인이 되었습니다. 이철승이 조병옥과 장면으로 양분된 민주당에서 장면을 찾아가 신파의 소장 실력자로 데뷔하자 DJ도 장면을 찾아가서 민주당 신파로 정치적 인연을 쌓아가게 됩니다.

같은 해 3·15 부정선거 규탄시위에 참여하여 서울시청까지 야당과 학생 시위대와 동행하였습니다. 7월에 치러진 5대 국회의원 선거에 인제군 후보로 출마했으나 또다시 낙선하게 된 DJ. 한없는 가시밭길의 연속이었지요. 그 때에도 그를 괴롭힌 것은 정치적 능력이 아니라 소위 '색깔론'이었습니다.

1960년에 치러진 제5대 총선 인제지구에선 자유당의 전형산 후보에 패했습니다. 이후 총선에서 승리하여 정권을 잡은 민주당 측에서 공민권 제한 대상자로 전형산 의원을 선정하여 의원 자격을 박탈하였고, 이듬해 1961년 5월 14일에 강원도 인제에선 재보궐 선거가 치러지게 됩니다. 천신만고 끝에 DJ는 재보궐 선거에 출마하여 민의원에 당선되지만, 이틀 뒤에 5 · 16 쿠데타가 일어나 국회가 해산되는 바람에 결국 의원 활동은 하지 못하게 됩니다. 참으로 불행한 일의 연속이었지요. 그토록 바라던 민의의 전당에 채 발을 들여놓기도 전에 그의 정치 활동은 멈춰버린 것이니까요.

5 · 16 쿠데타 이후 이철승 등 일부가 정치정화법에 묶여있을 때 민주당 선전부장, 당 대변인을 역임한 DJ. 이후 1951년 부산에서 만난 적이 있던 이희호 여사와 다시 만나 재혼했고, 1963년에 민주당 소속으로 고향 목포에서 제6대 국회의원으로 당선되면서 그토록 바라던 국회의원이 되었습니다. 어엿한 재선의원으로 말입니다.

김대중 · 이희호 결혼식 1962.05.10

1964년 야당 초선 의원인 DJ는 본회의 연설에서 필리버스터를 통해 국민들에게 적지 않은 인상을 남겼습니다. DJ의 필리버스터는 동료를 돕기 위한 것이었습니다. 당시 야당인 자유민주당 김준연 의원이 국회 본회의에서 "공화당 정권이 한일협정 협상 과정에서 1억 3,000만 달러를 들여와 정치자금으로 사용했습니다."라고 폭로했습니다. 당연히 정국이 발칵 뒤집혔습니다.

공화당 출신인 이효상 국회의장은 회기 마지막 날인 4월 20일 김 의원 구속동의안을 전격 상정했습니다. 이때 DJ가 의사진행 발언에 나섰습니다. 물 한 모금 마시지 않은 채 이어진 발언은 회기 마감인 오후 6시를 넘겨 5시간 19분이나 이어졌습니다. 그는 원고 없이 한 · 일 국교 수립 과정의 잘못된 점, 김준연

의원 구속의 부당성 등을 조목조목 지적했고, 결국 구속동의안 처리는 무산됐습니다. 당시 의사 진행 지연 발언은 세계 최장이라는 기록을 인정받아 기네스 증서를 받기도 했습니다.

역시 DJ 다웠습니다.

1967년 2월에 DJ는 신민당 창당에 참여하여 신민당 정무위원 겸 대변인으로 발탁되었습니다. 자타가 공인하는 진솔하고 탁월한 웅변능력을 인정한 것이지요. 이후 제7대 국회의원 선거에서 공화당은 진도 출신의 전 체신부장관 김병삼의 지역구를 옮기고 박정희 대통령이 직접 목포에서 국무회의를 여는 등 대대적인 'DJ 낙선전략'에도 불구하고 당선되었습니다. 당시 박정희의 눈에도 DJ는 잠재적인 적이 될 거라는 느낌이 있었겠지요.

그 뒤 1968년 6월 3일 당수 유진오로부터 원내총무 후보자로 지명을 받았으나 의원총회에서 재석 41명 중 찬성 16명, 반대 23명으로 결국 원내총무 자리는 김영삼, 즉 YS에게 돌아갔습니다. DJ와 YS 둘 사이에 많은 우여곡절이 있었지만, 훗날 한국 민주주의 버팀목이 된 두 사람의 첫 정치적 맞대결이었다는 점에서 많은 사람들에게 회자된 사건이었습니다. 그 후 그들은 평생의 동지이자 선의의 경쟁자로 서로 밀고 당기며 결국 이 나라의 민주주의를 지켜내는 등불이 되었습니다. 그 두 사람의 관계를 폄하하는 사람들이 아직도 남아있지만 분명 그들은 서로에게 없어서는 안 될 정치적 동반자이자 경쟁자였습니다. 그 둘 중 한 사람이라도 없었다면 과연 이 나라의 민주주의는 어떻게 되었을까요?

행동하지 않는 양심은 악의 편입니다.
닭의 모가지를 비틀어도 새벽은 온다.

각각 DJ와 YS를 아우르는 이 명구는 아직도 사람들의 입을 통해 회자되고 있습니다. 그들은 그들이 한 그 말대로 우리나라 정치를 이끌게 됩니다. 그들에게 우리가 가지고 있는 불만, 그것이 없었던 것은 아니지만 그마저도 한국 정치사에 중요한 한 장면이 아닐 수 없었습니다. 뒤집어 말하면 그들의 착오로 인하여 그만큼 민주주의가 많이 늦어졌지만, 또 그만큼 우리의 민주주의가 한층 성숙해진 것은 아닐까요?

통일민주당 김영삼 총재와 함께 1988.07.12

그들 또한 성인이 아니었습니다. 우리와 같은 너무도 인간적인 사람들이었습니다. 우리나라 민주주의와 통일을 위해 온 힘을 다해 대통령이 되고 싶었던 두 사람. 그 열망은 어쩌면 잘못된 권력욕이 아니라 그들만의 치열한 삶의 방식이 아니었을까요? 인류사에서 유례가 없을 정도로 나란히 평행을 이룬, 그러면서도 결국 둘 다 자신들이 바라던 대업을 이룬 사람들. 저는 진심으로 그들을 존경합니다. 아니 사랑합니다. 그 두 사람에 대해 나쁜 사견은 있을지언정 편견은 없기를 진정 소망해 봅니다. 저는 어떤 경우에도 이 두 정치인에게 돌을 던지지 않을 것입니다. 그들을 지역으로 나누기도 싫습니다. 각기 자신의 고향을 배경으로 그만한 정치적 능력과 혜안을 갖춘 사람이 앞으로 우리 정치사에 다시 나올 수 있을까요? 서로의 이상은 달랐지만 평생 한배를 탈 수밖에 없었던 두 사람, 당연히 그들은 그들에게 주어진 소임에 최선을 다했습니다.

어쨌든 1967년 신민당 정무위원에 선출된 DJ는 국회에서 통일원을 만들고 장은 부총리급으로 해야 한다고 발언했습니다. 참으로 아름다운 발상이었습니다. 그때 그가 없었다면 누가 그런 안을 내놓을 수 있었을까요? 그는 달랐습니다. 반쪽 난 우리 조국을 바라보는 그의 눈은 남들과는 완전히 달랐습니다. 그러나 1969년에 통일원이 신설되었지만, 그때는 말단 부처였습니다. 아무런 생각 없이 그저 명목적으로 신설하였지요.

그때나 지금이나 정치인들은 허울 좋게 통일을 운운하지만, 그들은 정작 통일에는 아무 관심이 없습니다. 통일을 내세워 자신의 정치적 이익만을 키울 생각에 여념이 없으니까요. 그러나 DJ는 달랐습니다. 완전히 달랐습니다. 그의 고향은 남쪽 바다였지만 철길 끝 신의주를 꿈꾸었고, 푸르고 푸른 동해 바다 청진을 꿈꾸는 사람이었습니다. 후일담으로 그의 주장 이후 20년 1개월만인 노태우 대통령 때 통일원 수장은 부총리급으로 되었습니다. 물론 그것도 허울이었지만.

1970년 신민당 대통령 후보자 경선에서 승리 1970.11.14

그리고 드디어 1970년에 치러진 신민당 내 대통령 후보자 경선에서 이철승, 김재광 등과 제휴해 YS를 40여 표 차이로 꺾고 과반수선을 얻어 역전승, 대통령 후보자에 지명되었습니다. 1970년 1월 24일, 신민당 대통령 후보 지명전에 출마할 것을 선언하면서 '만일 71년 선거에서 또다시 박정희 대통령 당선을 허용한다면 이 나라는 영원히 선거 없는 총통시대가 올 것입니다.'라고 주장했습니다. 1971년 4월 18일 서울 장충공원 유세에서 총통제 가능성을 다시 폈습니다. 그만이 가지고 있는 혜안이었지요. 그 당시에 백만 인파가 모였었다고 합니다.

청와대에서 만납시다

장충단 공원에서 대선유세를 펼치는 김대중 1971.04.18

장충단 공원 DJ 대통령 후보 연설(1971. 4. 18)

　서울 시민 여러분, 그동안 나는 전국 방방곡곡을 돌아다녔습니다. 모든 국민들이 이번에 야말로 기어이 정권교체를 이룩하자고 경상도에서, 전라도에서, 그리고 충청, 경기, 강원지방에서 궐기하고 있는 것을 보았습니다. 나는 필승의 신념을 가지고 싸웠지만 여기 장충공원에 모인 1백만 명을 넘는 세계에 유례가 없는 시민의 함성을 보고 우리의 승리는 이미 결정됐다는 것을 확인했습니다. 만일 이번에 정권교체를 이루지 못한다면 이 나라는 박정희 씨의 영구집권의 총통체제로 바뀌고 말 것입니다. 공화당은 이미 지난번 개헌 때 박정희 씨를 남북통일이 될 때까지 대통령으로 있게 하려고 하였으나 당내의 반대, 야당과 국민의 반발이 두려워 우선 3선 허용 정도로 끝났습니다. 나는 그들이 재집권하면 앞으로는 선거조차 없는 총통체제가 온다는 확실한 증거를 가지고 있습니다.

야당 또한 이번 선거에서 지면 더 이상 싸울 힘이 없습니다. 따라서 이번 선거는 이 땅에 민주주의가 존속하고 발전하느냐의 마지막 기회입니다. 나는 집권하면 독재체제를 단호히 일소하겠습니다. 헌법을 고쳐 대통령은 2선 이상 못하도록 환원시키겠습니다. 그들의 주장대로 박 대통령이 없으면 이 나라는 반공도, 국방도, 건설도 안 된다면 만일 박 대통령에게 내일이라도 무슨 일이 생긴다면 대한민국은 간판 내리고 문 닫아야 하지 않겠습니까?

나는 여기서 민주주의의 근본을 이야기하고 있지만 당선되면 또 알 수가 없습니다. 청와대라는 곳이 터가 나쁜지 그곳에 들어가는 사람마다 약속을 어기고 3선 개헌을 했습니다. 박 대통령이 4년 전 나의 선거구인 목포에 와서 "내가 3선 개헌을 하려 한다느니 하는 것은 야당 사람들의 모략이며 3선 개헌은 절대로 안 한다."고 말하더니 2년도 안 돼서 절대로 안 한다던 3선 개헌을 해버렸던 것이 엄연한 사실입니다.

또 대통령이 되면 주위에 아부꾼이 생겨 눈이 어두워질 수도 있습니다. 마치 공화당의 윤 모 씨처럼 이승만 박사 때는 그분을 보고 '건국 이래의 영웅'이라더니 박 정권에서도 박 대통령을 가리켜 '단군 이래의 대통령'이라고 한 사람이 내가 집권하면 또 내게 와서 'DJ 대통령은 천지개벽 이래의 영도자'라고 말 안 하리란 보장도 없습니다.

그렇기 때문에 나는 비록 장기집권의 욕심이 있더라도 3선 금지 조항에 손을 못 대도록 헌법부칙에 3선 금지 조항은 개정할 수 없다는 명문 규정을 두도록 하겠습니다. 나는 정권을 잡으면 정보정치를 일소하겠습니다. 지금 이 나라는 말만 백성이 주인이지 사실상 민주는 새빨간 거짓말입니다. 시골에 가면 정보기관의 눈이 무서워 국민들은 야당 유세장에도 나오지 못하고 또 나왔더라도 박수 한 번 제대로 못 치고 있는 실정입니다. 이러한 정보정치, 암흑정치의 총본산인 정보기관을 없애겠습니다.

그들은 언론을 장악, 사실 보도를 못 하도록 강압하고 있으며 부정선거를 지휘하고 야당을 분열시키고 탄압할 뿐 아니라 심지어는 여당 사람까지도 갖은 박해를 가하고 있습니다. 지난 3선 개헌 때 정보기관은 어떻게 했는가? 개헌에 반대하는 여당 의원들을 정보기관의 지하실로 몰고 가 발길로 차고 몽둥이로 때려 강요했습니다. 개헌에 반대한다면서 탈당까지 했던 김종필 씨가 오늘날 유세에서 자기 마음에도 없는 소리를 하고 다니는 것도 모두 정보정치의 한 소산인 것입니다. 이것이 바로 오늘날 우리의 현실입니다.

그뿐입니까. 학원에 간섭하고, 경제계에도 작용, 모든 이권과 은행융자에까지 관여하고 있습니다. 그들은 기업인들에게 'DJ에게 정치자금을 주지 마라. 만약 주는 날이면 사업을 모두 망쳐 놓겠다.'고 협박, 각서를 받고 또 '이런 사실을 밖에 나가서 말하지 않겠다.'는 각서를 또 한 장 받고 있습니다. 나는 집권하면 잡으라는 공산당은 안 잡고 국민의 자유를 짓밟고 이 나라를 암흑정치로 몰고 가는 정보기관을 단호히 폐지하겠다는 것을 거듭 약속드립니다.

공화당은 반공, 반공하면서 마치 반공을 자기네 혼자서 하는 듯이 떠들어대고 있습니다. 그러나 오늘날의 독재정치는 우리가 무엇 때문에 반공을 하느냐라는 의의를 상실케 하고 있습니다. 그것은 독재, 썩은 정치, 특권경제 등이 바로 공산당의 온상이 되며, 결과적으로 공산당을 키워주는 결과를 가져오기 때문입니다.

정보기관이나 경찰의 정보과는 잡으라는 간첩은 안 잡고, 전국적으로 밤잠을 안 자고 혈안이 되어 잡으려는 것은 이 DJ뿐입니다. 그뿐 아니라 국군을 정치적으로 악용, 군의 사기를 떨어뜨리고 전력이 저하되어 사고가 빈발하고 있습니다. 또 미 의회나 국민 간에는 '차라리 한국을 포기하자.'는 여론이 일고 있으며 유엔에서는 겨우 과반수의 지지를 얻고 있는 정도입니다. 이러한 박 정권의 여러 상황 속에서 진정한 안보란 있을 수 없습니다.

나는 집권하면 이러한 사태를 시정, 1년 이내에 국방태세 및 반공태세를 완비할 복안을 가지고 있습니다. 이 자리에서 책임 있는 중요한 말을 하나 하겠습니다. 북괴 김일성이는 적어도 10년 내에는 절대로 휴전선을 넘어 남침을 못 한다는 것입니다. 그들에게 그럴 힘도 없거니와 아시아에 전쟁이 일어나는 경우 일본의 재무장이 불가피하다고 볼 때 이를 두려워하고 있는 중공과 소련이 김일성의 불장난을 제어하기 때문입니다. 더욱 의미 있는 것은 세계는 평화지향적입니다. 최근 미국과 중공의 접근 무드를 보십시오. 심지어 닉슨 대통령 자신이 중공을 방문하고 싶다고 그랬고 딸의 신혼여행을 중공으로 보내고 싶다고까지 했습니다.

우리가 두려워해야 할 것은 다만 우리 내부의 불만, 불평, 불신 등의 사고입니다. 우리는 정치를 잘 해서 이 사고를 미리 막아야 하며 그것은 정권교체를 통해서만이 가능한 것입니다. 나는 집권하면 향토예비군과 교련제도를 완전히 폐지하겠습니다. 향군이 경찰서 보초나 서고 중대장이 정보기관에 소집되어 야당 대통령 후보 때려잡는 교육이나 받고, 한 달에 돈 3천 원, 5천 원만 주면 훈련에 안 나가도 도장 찍어주는 그런 예비군은 필요 없습니다. 이는 오직 국민을 군사적 조직체로 묶어 반항을 못 하게 하고 이 나라를 독재체제로 끌고 가기 위한 도구에 불과하므로, 또 2중 병역의무요, 헌법위반이기 때문에 단호히 전면 폐지하겠습니다.

교련 역시 마찬가지입니다. 병역 기피자가 30만 명이고 제2보충역이 40만 명인데 무엇 때문에 대학생을 괴롭힙니까? 요즘 대학교는 학교인지, 군대인지 구별을 못 할 정도입니다. 이 역시 정의감과 민주적 신념이 강한 대학생을 군사조직으로 꽉 묶어 반항 못 하도록 하기 위한 짓입니다. 나는 저들이 이 교련반대 데모를 거꾸로 선거에 악용할 것을 우려합니다. 공화당은 요즘 나의 정책에 대해 일일이 트집만 잡고 있습니다. 이것은 그들이 국민 앞에 내세울 밑천이 없기 때문이지요. 내가 4대국 안전보장책을 제시한 것은 이 땅에 제2의 러일, 청일전쟁, 제2의 6·25를 초래하지 말자는 것인데 그것이 무엇이 나쁘단 말입니까.

또 남북교류 문제만 해도 김일성 파괴분자를 남침 안 시키고 침략 야욕을 포기한다면 동포끼리 기자, 체육 등 분야에서 서로 교류하고 편지라도 주고 받자는 것입니다. 세계에서 같은 민족끼리 편지조차 못 하는 나라는 우리뿐인 것을 알아야 합니다.

박 대통령은 70년대 후반기에 신의주까지 고속도로를 놓는다느니, 금강산을 공동 개발한다느니 운운하고 있는데 무슨 잠꼬대 같은 말인지 솔직히 알 수가 없습니다. 지금 국제정세는 급속도로 변하고 있습니다. 미국의 저명한 학자, 정치인들도 나의 이러한 안보론에 적극 찬의를 표하고 있으며 닉슨 대통령도 이미 지난 연초의 연두교서에서 아시아의 안보는 이 4대국에 달려 있다고 지적한 바 있습니다. 적어도 대통령이라면 국내 정치에 안보를 악용하려 하지 말고 국제 정세가 어떻게 돌아가는지, 세계 정세가 앞으로 10년, 20년 후에는 어떻게 될 것인지 앞을 내다보는 대통령학을 공부해야 될 것 아닙니까?

 공화당은 '중단 없는 전진'을 내걸고 있지만 민주주의도, 남북통일도, 농촌, 중소기업들 모두가 후퇴하고 있는데 오직 전진하는 것이 있다는 것은 부정부패입니다. 나는 되도록 박 대통령의 개인 인격에 관한 것은 말하고 싶지 않지만 다만 박 대통령은 부정부패에 아무 책임이 없고 주위 사람이 썩었다는 말은 참을 수가 없습니다. 박 대통령은 부정부패에 관한 법적, 행정적 책임만 있는 것이 아니라 사실상의 책임까지 지고 있습니다. 바로 박 대통령의 측근들이 몇 십억 원, 몇 백억 원씩 축재하고 있는데 어째서 박 대통령이 책임이 없다는 말입니까.

 게다가 신문, 방송, 대학교 등 5백억 원의 재산을 가진 5 · 16 장학회가 개인 것이라는 것이 그 사정을 아는 사람들의 이야기입니다. 이 장학회는 말만 장학회지 갖은 특혜를 받으면서도 실제 장학금은 5백억 원 재산의 5백분의 1인, 1억 원의 정기예금 금리 2천 4백만 원뿐인 것입니다. 또 부정부패해서 긁어모은 돈은 일단 집권자의 손으로 들어갔다가 다시 부정선거 하는데 쓰이고 있습니다. 청와대에서 지난번 2억 원 이상 350억 원까지의 부정축재 공직자를 조사했더니 여당 정치인이 3백 명이나 나왔습니다. 박정희 씨는 지금 그 명단을 손에 쥐고 있지만 손을 댔다가는 공화당이 머리에서부터 꽁지까지 결단이 날 것이기 때문에 손도 못 대고 있습니다.

 나는 대통령이 되면 내 단독으로 부정부패에 대한 전 책임을 지겠습니다. 나의 재산을 공개 등록하고 부정부패 추방법을 만들어 전국에 민간인이 참여하는 부정부패 적발위를 두고 정치와 행정의 부정을 적발하겠습니다. 이렇게 해서 나는 국민 여러분의 협조 아래 이 부정부패를 이 땅에서 뿌리째 뽑아 없앨 것을 여러분께 제의합니다.

 나는 정권을 잡으면 국내외에 걸친 민주 거국 내각을 구성하겠으며 군대를 완전히 장악하겠습니다. 나는 내가 이번 선거에 승리했을 때 군대가 전면적으로 나를 지지하고 3군

총사령관이 나의 명령에 복종하도록 국내외의 완전한 보장을 받고 있으니 국민 여러분은 그런 말에 현혹되지 말기 바랍니다. 또 어떤 사람들은 신민당의 집권능력을 운위하고 있습니다. 5·16 당시 국민은 박정희 소장의 이름조차 몰랐습니다. 그런 사람이 지난 10년 동안 정치를 해왔다는 것은 말이 안 됩니다. 공화당은 인위적으로 경쟁자를 없앤 채 독주하고 있는 것입니다.

반면에 우리 신민당을 보십시오. 우리의 위대한 지도자 유진산 당수께서 작년 지명대회에서 나를 후보로 밀지 않았지만 일단 결정이 내려진 뒤 70 노구를 이끌고 전국 대도시를 자식 같은 나와 함께 순회했고, 나와 경쟁했던 김영삼, 이철승 동지는 지금 이 자리에 합석을 못 하면서 경상도에서 전라도에서 뛰고 있습니다. 이제 부정선거 해 볼 테면 해보라, 부정선거 할 테면 해보란 말입니다. 만일 끝까지 부정선거를 포기하지 않는다면, 이 열화 같은 국민의 열망을 짓밟았다가는 제2의 이승만 정권의 말로를, 제2의 4·19를 각오하라는 그 말입니다.

4·19는 학생이 일으켰습니다. 5·16은 군인들이 일으켰습니다. 그러나 4·27 혁명은 학생도 군인도 아닌 전 국민의 협력으로 이루어질 것입니다. 그리하여 5천 년 역사상 처음으로 평화적 정권교체를 이룩하자는 이러한 나의 뜻에 마음을 같이하는 국민이여 박수를 보내주십시오. 나는 기어코 승리할 것입니다. 그리고 여러분은 나와 함께 승리할 것입니다. 여러분, 오는 7월 1일 새로운 대통령의 취임식에 청와대에서 만납시다.

지금 봐도 명문입니다. 그런데 그때의 상황과 지금의 정치 상황이 어찌 조금도 다르지 않은지 모르겠습니다. 일단 정권을 잡으면 모두들 박정희처럼 행동합니다. 남북 모두 분단의 문제는 국내용으로, 잘못된 정책은 전임 정권의 적폐로, 그리고 자신들만의 리그로 몰아갑니다. 여전히 부끄러운 줄 모릅니다. 슬프게도 분단을 팔아 자신들의 권력을 키우는 도구로 사용하고 있습니다. 참으로 안타깝고 비극적인 상황이 계속되고 있습니다.

어쨌든 DJ는 이 유세로 인하여 뒷날, 박정희 정권에 의해 허위사실 유포 등 선거법 위반 사범으로 입건되기도 했습니다. 그러나 같은 해 10월 유신이 발생합니다.

7대 대통령선거투표 개표모습 1971.04.27

"이처럼 되었는데도 내가 선동가냐."

불행히도 역사에는
가정이 있을 수 없다

마침내 대통령 후보가 된 그는 '현 향토예비군은 이중 병역의 의무를 강요한 위헌적인 것이며, 경찰의 보조기관으로 전락되고 지휘계통이 국방장관과 내무장관에 이중으로 되어 있어 정치적으로 악용될 우려가 있고 생업에 지장을 초래할 뿐만 아니라 민폐를 조성, 부정부패를 가져올 뿐'이라며 향토예비군 폐지를 공약으로 내걸었습니다.

참으로 맞는 말이었지요. 훗날 한때 그의 예언대로 향토예비군 조직은 박정권 옹위의 첨병이 되기도 하였습니다. 그 밖에 4대국 평화보장, 지방자치제 실시, 남북대화, 노사위원회 구성 등을 공약으로 내걸며 '10년 세도 썩은 정치, 못 참겠다, 갈아치우자!'를 슬로건으로 내걸었습니다.

그러나 그는 539만 표를 얻어 634만 표를 얻은 박정희에게 패배하였습니다. 당시 대선에서 DJ와 신민당은 100만 표 이상 조작된 부정선거라고 주장하였습니다. 그때 서울에서는 DJ 후보가 박정희 후보보다 39만 표를 더 얻어 승리하였고, 부산에서도 40% 가량 득표해 선전을 벌인 반면, 영남지역에서는 박정희 후보가 75% 득표를 하였습니다.

정부와 여당, 인구가 많은 영남의 적극적 지지를 배경으로 한 박정희 후보는 6,342,828표로 DJ 후보의 5,395,900표보다 946,928표를 더 확보하였습니다. 하지만 야당을 중심으로 부정선거 의혹을 제기하였는데 DJ는 자서전에서 본인의 투표를 포함하여 서울 마포구 동교동의 투표가 선관위 관계자 확인이 없다는 이유로 통째로 무효처리 되었다고 주장했습니다.

당시 서울에서만도 약 7천 4백여 표의 유효표가 투표구 선거관리위원장이 서명 대신 직인을 찍었다는 이유로 무효처리 되기도 하였습니다. 야당의 이러한 의혹, 관권 선거 주장 논란과 더불어 신민당 일각에서는 표차가 제6대 대통령 선거보다 상당히 줄어들었고 국민 전체적으로 신민당이 46%나 득표하는 선전을 벌였기 때문에 박정희 정부로서는 더 이상 현행 헌법으로는 장기집권을 달성하기 힘들다고 생각하게 됩니다. 그리고 박정희 임기는 이번이 마지막이었습니다. 이는 얼마 뒤 치러진 제8대 총선에서 신민당이 개헌 저지선(204석 가운데 69석)보다 많은 89석을 확보함으로써 더욱 확실해졌습니다.

특히 영남의 박정희와 호남의 DJ가 격돌하는 대선의 특성상 선거운동 과정에서 지역감정 선동이 극심했는데, DJ는 '호남 푸대접'론을 내세워 당시 그럴 수밖에 없던 상황에서 소외되었던 호남지역의 호응을 이끌어냈습니다. 박정희 측 지지자들은 '신라 대통령론'과 선거 3일 전 호남에서 영남인의 물품을 불매하기로 했다는 내용의 허위전단을 뿌려 영남지역의 강한 지지를 이끌었고, 이는 호남의 DJ 지지율에 비해 영남의 박정희 지지율이 더 압도적으로 높은 선거 결과로도 나타났습니다.

불행한 일이었지요. 남북으로 두 동강 난 조국만으로도 서러운데 또다시 동서의 갈등이라니요. 우리로서는 더없이 뼈저린 일이 아닐 수 없었습니다. 가소롭게도 겨우 별 2개 소장의 신분으로 쿠데타를 일으켜 정권을 탈취한 한 개인의 욕심으로 우리 민족에게 씻을 수 없는 상처를 남긴 사람, 박정희! 물론 그는 훗날 자신이 저지른 죗값을 톡톡히 치를 수밖에 없었지만 말입니다.

일각에서는 이 선거가 대한민국 역사에서 영호남 지역갈등을 부추긴 씨앗이라고 보아 두 정당을 비판하기도 했습니다. 당시의 수많은 지식인들도 71년 대선에서 벌어진 지역감정 유발행위와 그로 인한 유권자들의 지역 감정적인 투표, 대선기간 중 벌어진 지역감정 갈등에 대해 개탄하였고 앞으로 벌어질 지역감정 갈등에 대해 큰 우려를 하게 되었습니다.

그렇게 71년 대선 이후에 벌어진 지역감정은 현재까지의 유권자들에게도 많은 악영향을 끼치게 됩니다. 그러나 진정 지역감정을 유발해서 이익을 보는 사람이 누구였을까요? 일개 소장에서 대통령까지 욕심을 낸 사람은 전쟁 후 사회혼란을 빌미로 틈만 나면 쿠데타를 꿈꾸던 사람이었습니다. 인면수심, 그의 눈에는 오직 몇몇 장교로 구성된 못난 졸개들과 나누어 가질 정권욕밖에 없었습니다.

그런데 돌이켜보면 그 당시 대통령 선거에서 정말로 이긴 사람은 누구였을까요?

겨우 100만 표 안의 승부, 그것은 박정희 일당의 관권 선거 승리였습니다. 4~50만 표만 DJ가 가져왔다면 승부는 끝났지요. 당연히 청와대의 주인공은 DJ였습니다. 그렇다면 박정희 일당이 그걸 용납할 수 있었을까요? 아마 박정희는 죽으면 죽었지, 정권은 내놓지 못했을 것입니다. 조국을 위하여? 우리 국민들의 미래를 위하여? 중단없는 전진? 그러나 그것은 모두 허울이었습니다. 북쪽의 김일성처럼 그 또한 죽을 때까지 정권을 놓고 싶지 않았던 것입니다. 입으로는 통일 운운하며 국민을 옥죄면서도 그것은 김일성이나 박정희에게는 재앙이 아니었을까요.

그들은 분단을 원했습니다. 우리나라를 둘러싼 열강, 중국이나 일본, 러시아나 미국이 우리의 통일을 바라지 않는 것이나 똑같은 이치지요. 우리를 분단된 상태로 두어야 마음대로 요리할 수 있을 테니까요. 김일성과 박정희는 같은 길을 달렸습니다. 물론 늦게 출발한 박정희가 김일성 뒤를 따랐지요. 김일성이 천리마운동을 하면 박정희는 새마을운동으로 화답했습니다. 농번기가 되면 김일성은 밀짚모자를 쓰고 논으로 나갔습니다. 그리고 농민들과 막걸리를 마셨습니다.

 영악한 박정희가 그걸 놓칠 리 없었지요. 그도 논밭에 나가 농민들과 막걸리를 마셨습니다. 김일성과 같은 밀짚모자를 쓰고 둘 다 잔뜩 사진 기자들을 데리고 말입니다. 다음날, 신문과 방송은 남북이 똑같이 소탈하게 웃는 김과 박의 모습을 도배합니다. '오직 우리 인민과 국민들만 생각하는 지도자'. 그들은 그 모습을 보고 흐뭇하게 웃으며 밀실에서 측근들과 양주를 마셨습니다. 막걸리라니요? 어림도 없는 일이지요.

 그들은 어쩌면 그렇게 일란성 쌍둥이처럼 똑같았을까요? 한 줌도 되지 않는 군인 계급장을 달고 자신들의 정권 야욕을 채웠으니 말입니다. 그런데 두려운 것은 지금 이 순간에도 남북의 지도자라는 사람들이 그들을 따라하지 못해 안달을 하고 있는 것은 아닐까요? 그런데 더 두려운 것이 있습니다. 남북 모두 아직도 그들을 잊지 못해 사무치게 그리워하는 사람들이 있다는 것입니다. 정말 소름이 끼치는 일입니다.

 훗날 그 둘은 모두 죽을 때까지 권좌를 움켜쥐고 있었지요. 한 사람은 천박하게 제 아들에게 권좌를 물려주었고, 또 한 사람은 더 천박하게 야릇한 밀실에서 어린 연예인들과 술파티를 하다가 비명횡사하였지요. 참으로 비극적인 일이 아닐 수 없습니다. 김일성과 박정희가 이 땅에 태어나지 않았다면? 또한, 그들이 기생할 환경이 되지 않았다면? 그러나 불행히도 역사에는 가정이 있을 수 없습니다.

다섯 번의 죽을 고비

박정희 일당의 관권 선거의 승리였지만 94만 표 차로 분패한 1971년 7대 대선 결과는 박정희에게 큰 충격을 주었을 겁니다. 또한 이것은 DJ에겐 혹독한 시련의 전주곡이 되었죠. 1972년 유신체제 등장 전후부터 1987년 6월항쟁으로 민주화가 이뤄지기 전까지의 기간은 DJ 정치인생 중 최대의 암흑기이자 고통의 세월이었습니다. 이 시기 DJ는 다섯 차례의 죽을 고비를 넘겼고, 6년간 투옥됐으며, 10년간 55차례, 183일 동안 가택연금을 당했습니다. 그리고 우리 모두가 알고 있듯이 오랜 기간 망명길에 올라야만 했습니다.

"나는 다섯 차례나 죽을 고비를 넘겼다."

DJ는 이따금 "나는 다섯 차례나 죽을 고비를 넘겼다."는 말을 하곤 했지요. 참으로 기이한 일들의 연속이었으니까요. 물론 1950년 한국전쟁 당시 인민군에게 체포돼 목포형무소에 갇혀 총살직전 기적적으로 탈출해 목숨을 건졌던 사건은 하늘이 도왔다고 할 수 있을 겁니다. 하지만 그 이후의 사건은 정말로 이해가 되질 않습니다.

1971년 4월 대통령선거에 이어 5월에 실시된 제8대 국회의원 선거. 비례대표 2번으로 등록하고 전국 지원유세에 나선 DJ는 5월 11일부터 선거 전날인 5월 24일까지 무려 5,300여㎞를 달리며 100곳이 넘는 지역을 찾아가 신민당 후보지원 연설을 합니다. 서울에서 부산까지 왕복 6번을 왔다 갔다를 하고도 다시 부산까지 내려가야 하는 거리를 13일 동안 이동하며 지원유세를 펼친 것입니다.

전라도 지방의 국회의원 선거 지원유세를 끝낸 후 목포에서 서울행 비행기를 타고 상경할 계획이었지만 그런데 날씨 때문에 목포에서는 비행기가 못 뜨고 광주에서는 비행기가 뜰 수 있다는 소식을 듣게 되지요. DJ는 비행기를 타기 위해 광주로 향했습니다. 광주로 가는 도중 전남 무안 입구의 1차선 도로에서 마주오던 14톤 트럭이 거의 90도로 확 꺾으며 중앙선을 넘어 DJ 탑승차를 덮쳤고, 그 트럭은 잇따라 뒤따라 달리던 택시와 정면으로 충돌한 사건이 발생합니다. 이 교통사고로 택시에 탔던 3명이 즉사, 뒤에 있던 3명이 중상을 당하게 됩니다.

사고뿐만 아니라 당시 사고 처리 과정 역시 이해할 수 없는 일의 연속이었습니다. 사고 지점에서 10분 거리에 무안경찰서가 있는데도 경찰은 두 시간이 지나서야 나타났습니다. 대통령 후보까지 지낸 정치인이 하마터면 죽을 뻔한 대형 사고를 당했는데도 언론 보도는 〈경향신문〉 1단 기사가 전부였습니다. 아마도 중앙정보부가 보도를 틀어 막은 것이었겠지요. 검사가 문제의 운전사를 살인혐의로 조사하자 즉시 다른 검사로 교체되었고, 교체된 검사는 사건을 단순 교통사고로

교통사고를 당한 후 붕대를 감은 채 국회의원 선거지원 유세를 하는 김대중 1971.05.24

처리하며 마무리 지었습니다. 세 사람이나 죽었는데 트럭 운전사는 업무상 과실치사 혐의를 적용해 비교적 가벼운 형을 선고받았다는 것이 참으로 의심스럽습니다.

물론 1968년부터 2차선 확장공사가 시작된 이 도로는 1971년경에 아스팔트 포장이 이뤄졌고, 아스팔트 포장이 되고 나서 얼마 안 돼 교통사고가 일어났으며, S자 커브길인데다 도로가 갓 포장되어서 빗길에 미끄러지는 사고가 많았다는 점, DJ가 탄 승용차가 중앙선을 넘어 뒤따라오던 택시의 추월을 막았고, 만약 택시를 추월시켜 주었다면 사고는 일어나지 않았다는 주장도 있습니다. 아무튼 이 사건은 의문만 남긴 채 단순 빗길 교통사고로 처리되어 역사 속으로 사라지게 됩니다.

DJ는 이 사고로 인해 얼굴과 손등 등에 유리조각이 박히고 골반 관절 부위에 부상을 당했지만 그럼에도 불구하고 서울 영등포 등지에서 마지막 유세를 강행합니다. 그리고 안타깝게도 평생 다리를 절게 되지요.

세 번째와 네 번째 죽을 고비는 간략한 경위만 담고 '납치, 감금, 옥고, 그것이 DJ의 삶'에서 자세히 적어보려 합니다. 1973년 8월 8일 중앙정보부에 의한 일본 동경에서 발생한 DJ 납치사건. 일본 NHK가 구성한 김대중 자서전에 따르면 일본의 그랜드팔레스호텔 복도에서 DJ는 중앙정보부 요원들에게 납치돼 호텔방 욕실에서 토막살인 될 뻔했습니다. 그들은 여의치 않자 DJ의 손발을 묶고 배로 옮겨 현해탄 한 가운데에서 수장하려 했지만 미국의 개입으로 실행에 옮기지 못하게 됩니다. 구사일생으로 DJ가 동교동으로 귀가한 것은 8월 13일 밤 10시가 조금 넘었을 때로 실종된 지 5일 9시간 만이었습니다.

다섯 번째 죽을 고비는 1980년 7월 이른바 '김대중내란음모사건'으로 신군부에 의한 사형선고였습니다. 5·18광주민주항쟁이 일어났던 하루 전날인 5월 17일, DJ는 정권전복을 꾀한 주목자로 지명돼 남산 중앙정보부 지하실로 끌려갑니다. 이어 군법회의와 대법원에서 내란음모죄와 국가보안법 위반 등 7가지 죄목으로 사형선고를 받고 복역하던 중 국내외의 구명운동과 미국의 개입으로 무기징역으로 감형된 뒤 1982년 12월 형집행정지로 석방되어 미국 망명길에 오릅니다.

어떠한 경우에도 좌절하거나 주저앉지 않았던 DJ. DJ 자신에게 주어진 고통의 시간들을 이겨냈고 죽음의 문턱에서도 대한민국의 내일을 걱정했던 그. 그래서 더없이 그립고 그리운 DJ입니다.

전북지역대회에서 시국강연회를 마치고 1987.10.31

납치, 감금, 옥고
그것이 DJ의 삶

일본 망명 당시 재일한국청년동맹에서 강연하는 김대중 1973.02.18

어쨌든 71년 대선에서 박정희가 전국에 걸쳐 4~50만 표만 부정을 저질렀을까요?

일본에서 납치되었다가 생환한 후 자택에서
기자회견을 갖고 있는 김대중
1973.08.14

어떻게 하든 선거 결과는 뻔했을 것입니다. 그렇게 부정을 저질렀는데도 겨우 그 정도의 표 차이밖에 나지 않았으니 박정희의 걱정은 매우 컸습니다. 당황하고 두려웠겠지요. 특단의 대책이 필요했습니다. 그것이 이른바 10월 유신이라는 해괴망측한 무도의 장을 열게 했습니다. 일본의 메이지 유신을 본뜬 천박한 정치 행위로 자신의 발등을 찍고 만 것이지요. 세계의 웃음거리가 된 바로 그 장충체육관 허수아비 선거가 시작된 것입니다. 그러면서도 그는 북쪽 김일성의 100% 투표에 100% 찬성 선거를 비웃었습니다.

세계의 눈만 없다면 독일의 총통 히틀러 같은 권력을 꿈꾸던 그들이 못 할 일은 하나도 없었습니다. 어디 그것뿐입니까? 한없는 거짓과 날조로 역사를 조작했습니다. 가소롭게도 제 자신들을 신으로 만들었습니다. 우리나라 독립항쟁의 영웅, 우리나라 근대화의 아버지로 둔갑시켰습니다. 아직도 그 세뇌 교육에 빠져 세상을 바라보는 사람들이 많습니다. 그러나 그런 파렴치한 행각의 최대 피해자는 우리 민족이고, 개인적으로는 DJ, 바로 그였습니다.

1972년 10월 11일 일본 정계 순방을 위해 도쿄에 체류하던 DJ는 10월 유신이 선포되자 측근인 송원영의 설득으로 미국 망명을 결심하였습니다. 유신 선포 직후 고노 겐소를 비롯한 일본 여러 정치인들과 회견을 갖고 일본 언론을 통해 비상계엄령과 유신 체제를 비판했으며, 그해 11월 미국 워싱턴에서 국민투표 무효선언을 주장하는 연설과 기자회견을 하는 등 정력적인 반유신 투쟁을 벌이게 됩니다. 1973년 7월 6일 워싱턴에서 한국민주회복통일촉진국민회의(한민통)를 결성하여 초대의장에 추대된 DJ는 한민통 일본지부 결성을 위해 일본에 입국, 중앙정보부에 의해 일본 도쿄도에서 피랍된 뒤 129시간 만에 서울

동교동 자택 근처에서 풀려난 DJ 납치사건이 발생합니다.

1973년 8월 8일 그는 도쿄의 히비야 공원에서 반 박정희 집회 참가를 앞두고 호텔 그랜드펠리스 2212호에 투숙하고 있었습니다. 그날 같은 호텔에 머물고 있던 양일동 한국 민주통일당 대표의 초청을 받아 가진 회담을 끝내고 나오던 그 찰나.

"지금이야!"

명령이 떨어지기 무섭게 한 무리의 괴한들이 복도로 뛰쳐나와 방금 전 스위트룸에서 나온 DJ를 덮쳐 비어 있었던 2210호실에 감금되었습니다. 신고를 받고 출동한 일본 경찰이 도착했을 때 방안은 어지러진 채 텅 비어 있었고, 폭이 1m쯤 되는 대형 배낭 2개와 13m 나일론 로프, 여기저기 피 묻은 휴지, 강력한 수면제인 페노바르비탈이 담긴 병, 제조사가 다른 총알이 담긴 탄창, 그리고 북한 담배 백두산. 그 어디서도 DJ와 납치범들의 모습은 찾을 수 없었습니다.

도쿄에서 500km 떨어진 오사카 앞바다, 칠흑 같은 밤, 항구에서 멀리 떨어진 바다에 떠 있는 화물선으로 작은 보트 한 척이 은밀하게 접근했습니다. 보트에 싣고 온 화물 하나. 테이프로 친친 감아둔 묵직한 화물의 정체. 그것은 다름 아닌 호텔에서 납치된 DJ였던 것입니다.

납치되었다 생환한 다음날 정일형선생, 이태영 여사 부부의 위문을 받고 있는 김대중
1973.08.14

아마도 현해탄에 DJ를 던져 아무도 모르게 죽이려고 했던 것이겠지요.

그렇게 포박된 상태로 얼마나 지났을까요. 전속력으로 항해하던 화물선에 커다란 불빛과 함께 굉음이 들렸고, 배 안에 있던 자들은 "비행기다!"라는 말을 하면서 배와 비행기가 서로 쫓고 쫓기를 30분 이상 계속 했다고 합니다. 이 비행기의 정체는 명확히 밝혀지진 않았지만 미국 CIA 연락을 받은 일본 해상보안청 소속이었다는 주장이 있습니다.

결국 CIA 한국지부요원들이 DJ의 소재를 찾아냈고, 한국 정보기관원에 의해 납치되어 129시간 만에야 서울 자택 부근에서 풀려나게 되었습니다. 처음부터 끝까지 공권력 개입설을 완강히 거부하던 한국정부는 일본 경찰청이 현장에서 주일 한국대사관 김동운 일등 서기관의 지문 등을 채취하고 관련자 출두를 요구했으나 거절했습니다.

자신의 집으로 돌아오게 된 DJ의 주머니에는 애국청년구국대가 쓴 쪽지가 들어 있었고, 그들을 납치범으로 잡기 위해 대대적인 수사를 펼치며 정부에서 DJ의 경호를 맡겠다고 나서게 됩니다. 박정희와 중앙정보부장 이후락은 DJ 납치사건과 전혀 상관이 없다는 것을 증명하기 위한 속임수였습니다.

이 사건은 한국 공권력의 일본 주권 침해라는 강력한 비난 여론이 대두되면서 한·일 양국 간 외교 문제로 비화되었습니다. 이에 한일정기각료회의 연기, 대륙붕 석유탐사를 위한 한일교섭 취소, 경제협력 중단 등 오랫동안 밀월관계를 유지해오던 한·일관계가 갑자기 교착상태에 빠져들게 되었습니다.

김 서기관의 해임, DJ의 해외 체류 중 활동면책, 김종필 당시 국무총리의 사과 방일 등을 약속받고 사건발생 86일 만에 양국 관계가 정상화되면서 DJ 납치사건은 정치적으로 결말지어졌습니다. 그러나 DJ는 도쿄에서 납치된 후 귀국하자마자 동교동 자택에 가택연금과 동시에 일체의 정치활동을 금지당했습니다.

이후 1974년 8월 22일, 신민당 전당대회에서 '반독재 선명야당 체제'의 구축을 위해 YS의 총재 당선을 적극 지원하였고, 11월 27일에 가택연금 속에서 재야 반유신 투쟁의 결집체인 '민주회복국민회의'에 참여하였습니다. 1976년 3월 1일에는 윤보선, 정일형, 함석헌, 문익환 등 재야 민주지도자들과 함께 '명동 3·1 민주구국선언'을 주도하여 긴급조치 9호 위반으로 구속되면서 1심에서 징역 8년을 선고받았고, 이듬해인 1977년 3월 22일에는 대법원에서 징역 5년, 자격정지 5년형을 확정(긴급조치 9호 위반) 받은 후 옥고를 치렀습니다.

또 그해 5월 7일에는 진주교도소에서 수감 중 접견 제한에 항의하며 단식투쟁을 했으며, 같은 해 10월 31일에 진주교도소 수감 중 격려차 찾아온 김수환 추기경과 면담하였고, 이후 12월 19일에는 서울대학교병원으로 이송되어 수감되었습니다. 1978년 9월 7일 서울대병원 이송 후 교도소 때보다 제한(접견차단, 창문봉쇄, 서신제한, 운동금지)이 더욱 심해지자 항의 단식하면서 같은 해 1978년 12월 27일까지 옥고를 치르며 2년 10개월 만에 형집행정지로 가석방된 후 장기 가택연금

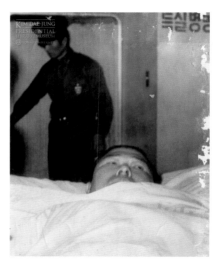

진주교도소에서 서울대학교 병원으로 이송되어 수감
1977.12.19

을 당했습니다. 1979년 4월 4일에는 윤보선, 함석헌, 문익환 등과 함께 '민주주의와 민족통일을 위한 국민연합' 결성을 주도하여 공동의장으로 반유신 운동에 참여해 세 차례나 연행되었습니다.

1987년 신동아 10월호에 DJ 납치사건의 전말에 대한 이후락 전 중앙정보부장의 인터뷰 기사가 수록되었습니다. 이 인터뷰를 통해 이후락은 DJ를 암살

하려는 의도는 없었으며 교포사회를 중심으로 해외 망명정부를 세울 것을 우려해 납치를 계획한 것이라고 밝혔습니다. 안기부는 이 인터뷰 기사가 한일 간 외교 문제를 일으킬 수 있다는 이유로 신동아 10월호가 인쇄되던 인쇄소에 안기부 요원을 파견하여 인쇄작업을 중단시켰습니다. 이 일로 신동아 기자들은 철야 농성을 벌였고 외신에까지 보도가 되는 등 파문이 확대되자 안기부에선 인쇄 중단 방침을 철회하게 되었습니다.

이후 2004년이 돼서야 국정원 과거사 위원회가 출범됐지만 DJ 납치사건에 대한 어떠한 문서 하나 발견되지 않았지요. 하지만 이 사건을 총 지휘한 인물, 한국의 007로 통하던 중앙정보부 소속 윤대령은 "김대중 전 대통령님께 진심으로 사죄드리고 싶다."고 말했습니다.

2006년 2월, 대한민국 외교통상부는 비로소 1947년부터 1974년 사이의 비공개 외교문서를 공개하며 당시 납치사건과 관련된 많은 내용이 세상에 알려지게 되었습니다.

그래도 낭만의 三金시대

3당 총재 회담 1988.05.18

　1920년대에 태어나 1960년대부터 1998년, 2003년, 2004년까지 정치계를 풍미한 DJ, YS, 김종필 세 사람이 정치를 했던 시대를 '3김(三金)시대'라고 이름하지요. 이들 성씨가 모두 김씨로 같았기에 헷갈리는 것을 방지하기 위해 이니셜을 따서 일명 DJ(김대중), YS(김영삼), JP(김종필)로 불렸습니다. 셋 중에서 상대적으로 출신이 이질적인 김종필을 제외하고 민주화 투사 출신인 두 사람만 묶어 '양 김'이라는 분류법도 많이 쓰였습니다. 군부 쿠데타 출신인 김종필을 제외한 것은 당시의 민심을 반영한 언론의 아름다운 편법이었지요.

YS와 DJ가 나란히 대통령에 취임하여 집권한 시대는 90년대지만 본격적인 역사는 군사정권의 시대이던 60년대, 70년대, 80년대로 거슬러 올라갑니다.

YS는 제1공화국의 자유당 소속으로 최연소 국회의원에 당선되면서 3김 가운데 제일 먼저 정치 인생을 시작했습니다. 하지만 이승만 정권의 사사오입 개헌에 반대하며 통합야당 민주당에 합류하였고, 제2공화국의 대통령이 되는 윤보선을 비롯한 민주당 구파 소속 정치인으로 경력을 쌓아갔습니다. DJ의 정치적 대부는 제2공화국의 유일한 총리이자 실질적인 집권자가 되는 민주당 신파의 장면 부통령이었습니다. 그에 반해 김종필은 4 · 19 혁명 전부터 정군활동을 내세우며 정치적 입지를 모색하고 있었으며, 결국 박정희와 함께 5 · 16 쿠데타를 통해 정계에 벼락처럼 등장하게 됩니다.

1969년 11월, 이미 4선의원, 원내총무였던 42세의 YS가 '40대 기수론'을 내세우며 제7대 대통령 선거에 출마하고, 1970년 1월, 3선 의원인 46세의 DJ가 출마하면서 3김 정치는 본격적으로 시작되었습니다. 유진산의 일선 후퇴와 함께 신민당의 대선 경선은 YS 우세 구도로 구성되

지역감정 타파를 호소하는 김대중 총재와 김영삼 민자당 최고위원과 회담
1991.07.01

었으나, 막판에 이철승 계파를 끌어들인 DJ의 역전승으로 제7대 대선은 박정희와 DJ의 한판 승부가 됩니다. 박정희는 부정선거 의혹을 크게 일으키며 대선에서 승리하였고, DJ가 정권의 탄압과 납치로 주춤한 사이 YS가 신민당 총재가 되면서 양 김은 정계의 전면에 부상합니다. 김종필 또한 3선 개헌 반대로 박정희에게서 한발 멀어졌지만, 10월 유신에 동조함으로써 실세 국무총리로 나서게 됩니다.

전두환 전면 해금 단행에 따라 동교동 자택을 방문한
김영삼 대통령과의 만남 1985.03.06

1979년 10·26 사건으로 박정희가 죽은 뒤 1980년 서울의 봄, 직선제 개헌을 거쳐 민주공화당의 김종필, 신민당의 DJ-YS의 격돌이 예상되었으나, 12·12 쿠데타와 5·17 쿠데타로 전두환-노태우의 신군부가 정권을 찬탈하자 이들의 매치는 7년 뒤로 미뤄졌습니다. 1980년대 제5공화국 시대에 DJ-YS '양 김'은 계속 민주화 투쟁에 나섰고, 결국 12대 총선의 신한민주당 돌풍과 함께 정계에 복귀합니다. 1987년 민주화 이후 제13대 대통령 선거와 제13대 국회의원 선거로 부활한 세 사람은 각각 PK, 호남, 충청의 지지를 바탕으로 합종, 연횡했으며, YS와 DJ가 제14대, 제15대 대통령에 취임했습니다.

3김시대가 30년 넘게 지속되면서 90년 중반부터는 3김시대에 대한 피로감도 일부 나타나게 되었습니다. 결국 2000년대에 이르자 3김 정치는 패거리 보스정치, 권위주의의 대명사로 낙인찍히게 됩니다. 사실 굉장히 억울한 일이었지요. 소위

영국여왕 생신 축하연에 참석한 3당 총재 1988.06.09

3김 정치는 군사정권에 대항하기 위해 어쩔 수 없이 태동된 기형적 보스정치였으니까요. 그 후 DJ가 당선된 15대 대선은 역설적으로 '3김 정치'가 처음으로 청산대상으로 거론되기 시작한 시대이기도 했습니다. 이회창, 이인제, 그리고 민주당에서 불어온 '제3후보론(조순 후보론)'이 대표적이었습니다. 그래서 3김

이 모두 정치지도자에서 내려온 2002년의 16대 대선에서 '3김 정치 청산'은 90년대의 정치 슬로건 수준을 넘어선 새 시대 정치의 기본 전제처럼 되었습니다. 각각 DJ와 YS를 통해 성장한 노무현과 이회창은 독재정권에 저항하던 법조인(이회창은 소수의견 판사, 노무현은 인권변호사)으로서 정치적 권위를 확보했으며, 공천 개혁과 분당 등을 거치면서 기존 상도동, 동교동계의 권력과 권위를 무너뜨리기 시작했습니다.

김종필에게는 전면적으로 당권에 도전하는 차세대 주자는 없었지만, 한국정치 전반이 민주당과 한나라당의 양당 구도로 재편되면서 구태와 노욕의 이미지를 얻으며 영향력이 시나브로 사라지게 되었습니다. 그럼에도 17대 대선까지 한나라당의 이회창, 이명박과 민주당의 노무현, 정동영은 각각 YS와 DJ가 직접 키운 인물들이었기에 '포스트 3김'이라고 명명할 수 있었습니다.

2009년 8월 18일에 DJ가 사망하면서 3김시대는 막을 내렸고, 2012년 19대 총선과 18대 대선은 3김의 흔적이 사라졌다는 것을 증명한 선거가 되었습니다. 동교동계 일부가 세운 정통 민주당 세력이 박근혜의 새누리당으로, YS의 차남 김현철을 포함한 상도동계 일부가 문재인의 민주통합당으로 헤쳐 모였지만 이는 구 정객들의 이합집산이었을 뿐 의미 있는 정계 개편으로 여겨지지는 못했습니다. 김종필 역시 박근혜를 지지했지만 새누리당의 충청권 승리는 김종필의 지지나 자민련의 후신인 자유선진당-선진통일당의 투항이 직접 원인으로 분석되지 못했습니다.

그리고 2015년 11월 22일에 YS가, 2018년 6월 23일에 김종필이 차례로 숨을 거두면서 3김은 대한민국의 현대 정치사의 한 페이지 속으로 사라지게 되었습니다. 하지만 2021년에도 여전히 대한민국 정치권의 거물들 상당수는 3김에 의해 정치권에 등용되었거나 3김에 의해 정치인생이 바뀐 인물들이 절대다수이고, 여야중진 대부분이 3김시대에 정치를 시작했습니다. 대한민국 정치계에서 3김의 영향력을 물리적으로 받지 않는 정치세대가 정치권에서 주류를 차지하려면 적어도 20년은 더 지나야 할 정도로 대한민국 정치계에서 3김의 비중은 상당합니다. 그만큼 그들의 영향력은 막강 그 자체였습니다. 인류사에 참으로 보기 드문 정치 역사지요.

 김종필은 박정희 정권에서 총리를 역임하고 박정희의 가장 큰 정치적 적수였던 DJ 정권에서도 총리를 역임했다는 진기록을 세우기는 했지만 사실상 대통령을 역임한 YS나 DJ에 비하면 유력한 대선 수권 후보로 등장한 적조차 없었습니다. 즉, 3김 정치는 사실 YS, DJ의 양 김 정치에 김종필이 추가된 구도였습니다. YS, DJ 대통령은 박정희 대통령과 대선 주자로 격돌하던 인물인데 비해 김종필은 박정희 정권의 2인자 레벨이었기 때문이었지요. 애초에 김종필 자신도 이런 자신의 정치적 입지를 잘 알았기에 80년대 말 정계에 복귀한 뒤로는 3당 합당이든, DJP연합이든 캐스팅보트 이상의 역할을 하려고 시도하지도 않았습니다.

 같은 이유로 민주화 운동가였던 DJ와 YS에 비해 그 영향력이 미비했고, DJ가 가진 전라도, YS가 가진 경상남도 기반에 비해 JP의 충청도 기반 위력은 작은 편이었습니다. 이 점에서 김종필의 충청(충남) 지역색 자체가 호남의 DJ, 영남의 YS라는 지역 구도에 대한 반작용으로 나타난 것에 불과하다는 견해도 있었습니다.

 그럼에도 불구하고 90년대 정국에서 김종필의 세력은 '(신민주)공화계'로 뚜렷한 흔적을 남겼습니다. 제1회 전국 동시지방선거와 15대 총선에서 '녹색돌풍'을 일으키며 제3세력으로 입지를 다시 굳혀 정권교체를 이뤘습니다. 김종필의 위력이 양 김에는 미치지 못했지만 대세를 파악하는 안목과 더불어 자신의 한계를 알고 명확하게 선을 그어 정계의 주요 세력으로 두 번이나 부활한 것은 참으로 이색적이었습니다.

 이들 세 사람의 일생, 삶 그 자체가 1960년대 이후 대한민국 정치사와 매우 밀접하게 맞물려 있었기 때문에 이들을 빼놓고서 대한민국 정치사를 말한다는 것은 사실상 불가능에 가깝습니다. 특히 DJ와 YS, 양 김은 당시 민주화 투쟁의 상징적 존재나 다름없었습니다. 야당의 대선 후보이자 민주화 투쟁에 온몸을 바친 DJ나 YS의 존재는 그야말로 살아 있는 민주화의 상징이자 전설 그 자체였습니다. 거꾸로 말하면, 군부 독재세력에게 DJ나 YS는 커다란 벽이었습니다.

민주화 이후 DJ의 동교동계와 YS의 상도동계는 한국 정치에서 대표적인 양대 계파가 되었습니다. 3김이 직접적으로 공천권을 장악하여 격돌한 1996년의 15대 총선에서 3김은 차세대 주자 격인 인물들을 대거 육성했는데, 이들은 현재까지도 주요 정치인으로 활약하고 있습니다. 386세대란 말은 바로 거기서 출발한 것이지요.

DJ
대통령 되다

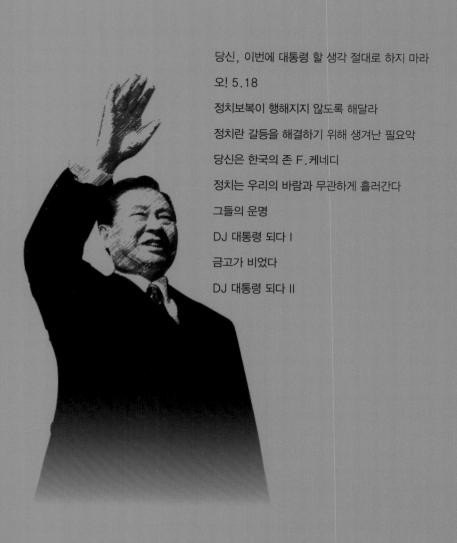

당신, 이번에
대통령 할 생각 절대로 하지 마라

"당신 이번에 대통령 할 생각 절대로 하지 마라."

DJ는 1979년 12 · 12 군사 반란 발생 이후 12월 14일 아침에 강원룡 목사와 만났습니다. 강원룡은 YS에게 대통령을 양보할 것을 DJ에게 노골적으로 요구하였습니다. 그러나 DJ는 강원룡에게

"이미 끝났습니다. 강 목사님이 군(軍)이란 세계를 모르고 하는 말씀인데, 군은 통수권자에게 절대 복종합니다. 박정희가 있을 때는 박정희가 통수권자니까 거기에 충성했지만 이제 박정희는 죽었습니다. 장군들이 그 다음엔 내가 된다는 걸 잘 알기 때문에 내게 충성하고 들어올 것입니다."

1980년 3월, 서울에 봄이 찾아오기 시작했습니다. 최규하는 이미 그 전해 12월부터 '권한대행'이라는 꼬리표를 떼고, 정식으로 대통령에 재임 중이었으며, 정부 주도로 개헌을 위한 공청회가 진행되기 시작하였지요. 그 당시 국민들의 정서는 최규하가 비록 정식 대통령으로 취임하였지만, 그 임기를 다 채우리라고는 그 누구도 예상하지 않았고, 민주적인 정부 수립을 위한 6개월 기한 이하의 과도정부라고 인식하고 있었습니다.

그러나 개헌 공청회가 지지부진해지고, 최규하 정부가 남북대화를 제안하면서 최규하 대통령이 임기 6년을 다 채우려는 것이 아닌가 하는 의구심이 생겨나기 시작하였습니다. 박정희 죽음 이후, 여당이었던 공화당(김종필)의 존재감

은 사라졌지요. 그러나 야권은 YS 중심의 신민당과 DJ 중심의 재야로 나뉘어 있었습니다.

 YS는 끈질기게 DJ에게 신민당에 입당하여 야권 단일화를 이루자고 공개제안을 하였으나, DJ는 YS 중심의 신민당에 입당하는 것을 한사코 거부하였습니다. 그리고 이듬해 1980년 5월 13일에 기자회견을 갖고 "북한 공산집단이 우리의 과도기를 이용하여 남한에 대해 폭력에 의한 그들의 야욕을 성취하려는 음모를 획책하려는 일이 절대 없기를 엄중 경고한다."면서 "국민과 학생, 근로자들은 질서를 지키고 사회 안정을 유지하여 북한 공산집단이 오판할 계기를 주지 말아야 한다."라고 역설하였습니다.

 그 다음날인 5월 14일 대학생들의 민주화 시위가 한창 가열될 때 동아일보가 DJ를 인터뷰했습니다.

 "학생 시위가 계속되면 군부에 빌미를 줄 수 있으니 자제하는 것이 좋겠습니다."

 그러나 이 기사는 신군부의 검열에 걸려 기사화되지 못했습니다. 그의 이름이 자꾸 신문에 회자되는 것이 두려웠던 게지요.

 국민들은 DJ와 YS가 통합하여 야권이 단일화 되기를 열망하고 있었지만, 두 김씨가 단일화를 이루지 못하면서 온갖 설왕설래가 이어졌습니다. 대학가가 개강을 하면서 시국에 대한 토론이 봇물 터지듯 하였습니다. 남북대화를 추진하는 최규하 정부의 움직임과 더불어, 개헌 추진 일정이 지지부진하게 비치면서 대학가 중심으로 정치 일정의 고속화를 요구하는 가두시위가 빈발하기 시작하였지요.

계엄 해제하라!
개헌 일정 단축하라!
학생 군사교육 폐지하라!

그러나 1978년 12월(박정희 대통령 서거 전)에 이란이 왕정을 폐지하고 이슬람 종교 정치로 들어가면서 전면적인 석유 수출 중단을 실행하여 국제 석유가격이 상승하기 시작하였습니다. 1980년에 들어서서 국제 유가가 배럴당 20달러를 돌파, 제2차 오일쇼크가 도래했고, 이로 인해 경제 위기감이 증폭되어 갔지요.

경제적으로 크게 어려워진 상태에서 개헌일정 부진과 DJ와 YS의 분열로 국민들의 실망감이 확대되어 갔습니다. 대학가의 시위가 점점 가열되어 가는 와중에, 4월말 경 전두환 보안사령관이 기자 간담회를 통하여 '軍은 정치에 개입하지 않는다.'는 메시지를 던졌는데, 그것이 오히려 역풍을 초래하는 계기가되고 말았습니다.

전두환의 기자 간담회를 계기로 5월에 접어들자 대학가 시위는 걷잡을 수 없이 번져갔습니다. 시국이 소용돌이에 빠져 들었지만, 전 세계적인 2차 오일쇼크가 진행되면서, 최규하는 하는 수 없이 사우디, 쿠웨이트로 석유를 구걸하러 긴급 순방을 떠나게 되었습니다.

그러나 최규하는 국내 상황이 악화되어 가자 일정을 단축하여 긴급히 귀국하게 되었고, 귀국한 지 불과 만 하루 만에 5월 18일 일요일 새벽 0시를 기하여 비상계엄 전국 확대조치를 취하였습니다. 대학 휴교령과 더불어 일체의 시위와 집회를 금지하는 비상계엄 확대조치로, 전국 대부분의 지역에서는 치안 상황이 안정을 되찾아 갔습니다. 그러나 5월 18일에 YS는 무사하고 DJ만이 시위 배후 혐의로 수사기관에 연행되었고 DJ를 응원하던 광주에서는 거꾸로 시위가 폭발하게 되었습니다.

DJ는 일찍이 1971년 대통령 선거에서 현역 박정희 후보를 거의 이길 뻔한 기록이 있었으므로, 1980년 광주 전라남북도 지역에서는 '이번에는 틀림없이 DJ가 대통령이 된다.'라는 열망이 자리 잡고 있었죠. 그런데 그가 연행되자 호남지역의 분노는 폭발하기 시작하였지요. 만약 YS도 함께 연행되었더라면 그

분노가 덜 할 수 있었을지도 모를 일이었습니다. 그랬다면 역사의 물줄기는 또 다른 방향으로 흘러갔겠지요. 사실 전두환을 비롯한 그의 수하들이 모든 것을 예상하고 꾸민 작업이라는 것이 대체적인 정치학자들의 견해입니다.

5.18 광주항쟁 민주열사들이 잠들어 있는 묘소마다 헌화하는 김종재 1990.10.31

어쨌든 5월 17일(토)부터 18일(일) 새벽 사이에 DJ가 연행되면서, 전남대생들은 대학휴교, 집회, 시위금지 조치를 무시하고, 18일 오전부터 본격적으로 길거리 가두시위를 나서게 됩니다. 당연히 '김대중을 석방하라.'라는 구호가 선두에 등장하게 되었지요. 이처럼 일요일 새벽의 기습적인 비상계엄 확대 조치 (대학 휴교령 포함)로 강화된 군 병력의 위세에 눌려서, 전국 대부분의 지역에서는 시위가 소강상태로 접어들었지만, 광주에서는 DJ 석방을 요구하는 시위로 성격이 바뀌면서 본격적으로 진화할 수 없는 대형 산불이 되어 갔습니다.

그러나 정부에서는 광주상황이 오히려 악화되어 가자, 광주에서 나가고 들어오는 모든 시외전화를 차단하고 광주상황이 타 시도 지역으로 전파되는 것을 막기 시작하였고, 신문과 방송 등 언론보도를 통제하면서, 18일(일)~21일(수) 사이의 광주 상황이 타 시도 지역에서 뉴스로 보도되었습니다. 돌이켜보면 그것이 오히려 상황을 더 악화시키는 계기가 되었습니다. 급기야 22일(목)부터 언론에서 광주상황을 취급하기 시작하였는데, 동아일보 22일(석간) 기사에서 이미 사상자 발생, 공포탄 발사, 세무서 방화, 방송국 방화, 기관총 소총 수류탄 장갑차 탈취, 도청·시청을 철수하였다고 보도하였습니다.

권력에 눈먼 전두환 일당이 쾌재를 부를 기사였지요. 그것을 빌미로 정권을 차지할 수 있다고 판단했던 것입니다. 당시 전두환은 군인이라기보다는 박정희 호위무사를 자처하며 이미 사악한 정치 놀음에 물든 모리배였으니까요. 오직 배운 것이라고는 박정희에게 배운 권모와 술수뿐이었습니다. 그런 그에게 광주의 '사태'는 불감청 고소원이었습니다. 그리고 우리 모두가 알고 있는 비극이 초래되었습니다. 당시 우리의 장병들이 자기 국민들에게, 자기 부모 형제에게 총칼을 겨눈, 그리고 방아쇠를 당긴 돌이킬 수 없는 미증유의 사태가 벌어진 것입니다.

10주년을 맞은 5.18 광주민주항쟁 희생자에 대한 추도식 1990.05.18

5.18

정태춘

무엇을 보았니 아들아
나는 깃발 없는 진압군을 보았소
무엇을 들었니 딸들아
나는 탱크들의 행진 소릴 들었소
아, 우리들의 오월은 아직 끝나지 않았고
그날 장군들의 금빛 훈장은 하나도 회수되지 않았네

어디에도 붉은 꽃을 심지 마라
소년들의 무덤 앞에 그 훈장을 묻기 전까지
무엇을 보았니 아들아
나는 옥상 위의 저격수들을 보았소
무엇을 들었니 딸들아
나는 난사하는 기관총 소릴 들었소

어디에도 붉은 꽃을 심지 마라
여기 망월동 언덕배기의 노여움으로 말하네
잊지마라, 잊지마. 꽃잎 같은 주검과 훈장
누이들의 무덤 앞에 그 훈장을 묻기 전까지

오! 5.18

　시대 가객 정태춘의 노래처럼 5·18 광주민주화운동은 결국 전두환과 신군부에 의해서 무자비하게 진압되었으나, 이는 도리어 전두환 정권의 원죄가 되고 말았습니다. 실제로 80년대 학생운동에 뛰어든 많은 대학생들은 대학교에 들어와서 80년 광주에서 일어난 사건의 실상을 알고 큰 충격을 받았으며, 학업 대신 학생운동에 가담하게 되었습니다. 그로 인하여 각 대학가는 돌아오는 5월마다 5·18 추모 행사가 열렸고, 이때마다 민주화 열기는 뜨거워졌습니다. 전두환을 비롯한 군부 권력은 오죽하면 5월이 없는 나라에 살고 싶다고 했을까요.

　당시 보잘것없는 무장으로 공수부대와 마지막 항쟁을 했던 사람들은 여느 시민들이었습니다. 자신이 죽을 것을 알면서도 신군부에 정면으로 맞섰던 것이죠. 이것은 이후 대학생을 중심으로 한 인텔리 계층에 큰 충격으로 다가왔습니다. 죽음으로 지키고자 했던 '민주주의'란 가치를 고민하고 부끄러움을 이겨내기 위해 운동권에 투신했던 사람들이 폭증했습니다. 70년대에 비해 80년대 학생운동이 격해지고 활발해진 것은 모두 5·18로 말미암은 것이라 하여도 과언이 아닙니다.

　비록 그때 우리는 많은 인명 피해를 내고 민족사에 결코 지울 수 없는 상처를 받았지만, 그때의 저항이 그 이후 우리의 민주화 운동에 어마어마한 영향을 끼치게 되는 결실을 얻었습니다. 그 무엇과도 바꿀 수 없는 커다란 민족적 자긍

심을 갖게 되었지요.

 게다가 5·18을 계기로 미국에 대한 학생운동의 인식이 크게 바뀌게 됩니다. 이전까진 입에 담을 수조차 없었던 반미 구호가 대학가에서 대중화되는 데는 5·18이 엄청난 영향을 끼쳤습니다. 왜냐하면, 한국군은 미국이 동의하지 않으면 병력이동 자체가 불가능한데 대규모 병력이 투입되어 시민들을 제압했다는 건 미국의 묵인 없이는 불가능하다고 여겼기 때문입니다. 결국, 미국도 민주주의의 편이 아니라 자유와 민주를 팔아 '자국의 이익'에 따라서 움직이는 삼류 자본 국가인 것을 비로소 깨달았던 것이요. 그래서 80년대 전국의 미 문화원은 학생운동의 주요 공격 대상이 됐으며, 현재도 운동권 출신들은 반미 사상이 깊게 뿌리박혀있습니다.

 5·18 이후로 군부정권은 본격적으로 수면 위로 드러나게 됩니다. 전두환은 DJ 등에게 '광주 사태'의 책임을 물어 내란음모죄로 사형을 선고했습니다. 이 외에도 최규하 대통령이 하야 선언을 한 직후, 8월 27일 소위 체육관 선거를 통해 전두환은 대통령 자리를 탈취했습니다.

 그 이후 지역적인 면에서는 5·18이 광주광역시를 비롯한 호남 지역의 트라우마로 작용해 이후의 민주정의당 및 3당 합당으로 이어지는 보수 세력에 대해 적대심을 가지고, 민주당계 정당의 표밭이 되는 가장

'내란음모사건' 공판을 받고 있는 김대중 전 대통령 1980.08.14

결정적인 계기가 되었습니다. 전두환이 기세등등하던 80년대는 용기 있는 운동권과 민주화 세력을 제외하면 5 · 18의 '5'자도 대놓고 꺼내기 힘든 상황에서 울분을 삭어 왔습니다.

 심지어 전두환은 담양의 한 여관에 숙박하였는데, 그 여관에는 전두환이 다녀간 곳이라고 '전두환 대통령 각하 내외분 민박 마을'이라는 기념비가 세워졌습니다. 이는 5 · 18을 겪은 광주시민들에게 상당히 굴욕적으로 다가왔음에도 이견을 내지 못하다가, 1989년 민주화가 되고 난 이후에야 비로소 그 비를 파내 망월 묘역 바닥에 묻은 뒤 참배객이 마구 밟을 수 있도록 했습니다. 이미 박정희 정부 시절부터 유무형의 정치적인 차별을 받고 있었지만 5 · 18의 참상은 호남지방이 다시는 보수 세력을 지지하지 않게 만들 정도로 심각했으며, 호남소외론의 가장 결정적인 명분이 되었습니다.

정치보복이 행해지지
않도록 해달라

내란음모사건으로 청주교도소에서 수감 중 독서하는 김대중 1981.01.31

　12·12 군사 반란(1979년)으로 실권을 장악한 신군부는 집권 시나리오에 따라 1980년 5월 17일 비상계엄을 전국으로 확대하면서 정치활동 금지를 주요 내용으로 한 포고령 10호를 발표함과 동시에 DJ를 포함한 재야인사 20여 명을 사회혼란 및 학생, 노조 배후조종 혐의로 전격 연행하였습니다. DJ는 신군부가 조작한 DJ 내란음모 조작사건으로 군사재판에서 사형을 선고 받았습니다.

"이 땅의 민주주의가 회복되면 먼저 죽어간 나를 위해서 다시는 정치보복이 행해지지 않도록 해달라."

 DJ의 법정 최후 진술이 국제사회에 알려지면서 큰 반향을 불러일으켰습니다. 지미 카터 전 미국 대통령, 도널드 그레그 전 주한대사를 비롯한 레이건 행정부, 세계 각국 지도자와 인권단체들이 DJ 구명운동에 나서게 됩니다. 레이건 정권의 리처드 앨런 안보보좌관은 유병현 합참의장을 만나 DJ가 사형될 경우 양국 관계는 회복되기 어려운 상처를 입게 될 것이라며 강한 압박을 하게 되지요.

 이에 전두환은 DJ의 형을 줄여주는 대신 자신을 레이건의 취임식에 초청해 달라는 제안을 하고 이를 미국이 받아들여 1981년 1월 23일 국무회의 의결을 통해 DJ와 그와 연루된 11인에 대한 감형을 실시하게 됩니다. 사형수에서 무기징역으로 감형된 DJ를 다시 20년형으로 감형했고, 신병치료를 위한 입원을 가능하도록 형 집행정지 처분과 해외여행을 허용하기로 한 결과 DJ는 구속된 지 2년 7개월 만인 1982년 12월 슬픈 미국 망명길에 오르게 됩니다.

청주교도소 내부 1981.01.31

1983년의 또 다른 봄. 5월이 가까이 다가오고 있었습니다. 저 또한 DJ처럼 망명길에 올랐습니다. 가을 같은 봄볕 속의 4월 말. 비도 눈도 오지 않는 마른 햇볕을 뚫고 저는 걸었습니다. 마음이 심란할 때면 덜렁, 배낭 하나를 메고 떠도는 습성, 그때 제가 본 오대산은 어떻게 보면 평범한 산이었습니다. 그러나 유순하면서도 억센 오대산의 하늘로만 뻗은 소나무들이 저의 가슴을 두드렸습니다.

제 고향 소나무와는 또 달랐습니다. 엄연히 사람도 저 나무와 같은 생명, 죽도에 살면 바위 위에 살아야 하고, 오대산에 살면 하늘만 보고 살아야 하는 법. 저는 천천히 오대천 길을 걸어가면서 그 소나무들에게 말을 걸고 있었습니다.

맑은 물빛이 퍼붓는 봄볕 속에서 반짝이고 있었으나 오대천은 깊은 겨울 잠에서 완전히 깨어나지 못하고 있었습니다. 군데군데 얼음, 그리고 눈, 겨울은 갔지만 아직 봄은 아니었습니다. 그렇지만 햇살을 받은 산언덕은 4월의 절기를 알려주고 있었습니다.

저는 한껏, 그 바람과 소나무 향기를 들이마셨습니다. 가는 길은 전나무의 숲, 회색 수피, 수피 곳곳에 녹색물이 조금 든 이끼, 숲 바닥의 흰 눈, 하늘을 가린 푸른 잎, 길은 녹은 눈이 얼어 빙판이 되어 있었습니다. 그토록 제가 보고 싶었던 길이 펼쳐져 있었습니다. 분명 처음인데 처음이 아니었습니다. 아직도 녹지 않은 눈길을 걸으며 저는 이곳이 우리의 땅임을 절감했습니다.

드디어 오대산 불교의 구심점, 월정사가 나타났습니다. 저는 월정사를 그대로 지나쳤습니다. 그리고 월정사 경내의 무성한 전나무 숲을 따라 동쪽으로 동대사를 바라보며 다시 올라 서쪽에 있는 오대산 사고사(史庫寺)도 지나쳤습니다. 자리가 마음에 들면 그냥 눈으로 보고 지나쳐서 그 주위를 완상(玩賞)하는 것이 저의 천성이었습니다. 저는 사고사를 빤히 바라보며 흐뭇하게 웃었습니다. 의미가 있는 자리였던 것입니다. 그러면서도 저의 발걸음은 산길을 따라가고 있었습니다.

첩첩이 겹쳐지는 산줄기에는 운무가 가볍게 몰려 왔습니다. 여기에 동해 바다가 아련하게 다가왔습니다. 그 모습을 보면서 저는 이 땅에 태어난 것을 감사했고, 이제 어디가 어디인 줄도 모르는 기슭에 와 있었습니다. 이름도 알 수 없는 오대산의 산자락, 백석산일 수도 있었고, 가리왕산일 수도 있었습니다. 산이 산을 낳고 물이 물을 낳은 곳이었습니다.

5월이 되어야 눈이 녹았고 9월이면 다시 눈이 내렸습니다. 그 옛날 고구려의 땅, 그리고 여진족의 땅, 아니면 말갈의 땅. 동쪽은 급경사, 북쪽은 오히려 완만한 경사지가 되어 여러 냇물이 오대천으로 흘러들었습니다. 웅장한 여러 산들이 겹겹이 연이어 있었습니다. 그러나 그렇게 높은 봉우리들도 그가 있는 곳에서 보면 과히 높지 않고 경사가 완만한 구릉으로 보였습니다.

저는 오대산 밑 삼림지역에 있었다는 오대국 성터에 와 있었습니다. 설악산으로 가려던 제가 걸음을 멈춘 곳이 전설로 내려오던 환인이 다스리던 지역. 그러나 성터는 그 흔적을 찾아볼 수 없었습니다.

사실 저는 제가 있는 곳이 평창인지, 정선인지 조차 알지 못했습니다. 의외로 여름에는 비가 많았고, 겨울에는 눈이 많았습니다. 한번 내리기 시작한 눈은 보통 어른의 허리춤 이상 쌓였습니다.

저는 우선 그것이 좋았습니다. 고향에 무성하던 소나무, 그곳을 생각나게 하는 것은 무조건 싫었습니다. 끊어내기 위해서였습니다. 완전하게 고향과의 인연을 부인하기 위해서였습니다. 그것은 틈만 나면 엉겨 붙는 그리운 얼굴 때문인지도 몰랐습니다.

짙푸른 하늘과 너른 벌판을 태울 듯 붉었던 노을, 사시장철 일렁이던 마을 끝의 대숲. 이제 저에게 그건 그리움이 아니라 고통이었습니다. 북쪽 오대산의 머리가 보이는 깊은 산언덕, 입춘이 지나도 서리가 세 번 들어와야 봄이 오는 곳, 그곳에 저는 혼자 앉아 있었습니다.

수목의 바다, 그 나무들의 시퍼런 물결이 바람에 흩날리는 것을 한없이 바라보면서.

정치란 갈등을 해결하기
위해 생겨난 필요악

저는 세상이 없는 곳에서, 세상에서 있었던 일로 인하여 고뇌하고 있었습니다. 가엾은 사람들…. 그들을 위해 저는 수행해야 했습니다. 공부해야 했습니다. 십 리 안쪽으로 움푹 들어간 두 눈, 백 리 앞으로 툭 튀어나온 광대뼈, 저는 오직 앉아만 있었습니다. 앉아서 죽으리라는 각오였습니다. 그때 저의 얼굴을 간질이는 것들이 있었습니다.

개미들이었습니다. 저도 모르는 사이에 온통 새까맣게 붙어 있는 것들, 이것들은 무엇 때문에 이렇게 몰려든 것일까. 이것들에게도 목숨이라는 것이 있는 것일까. 도대체 누가 시켜서 이것들은 항상 저렇게 떼를 지어 움직이는 것일까. 혹 이것들 속에 자신이 있는 것은 아닐까. 이것들을 이렇게 자신처럼 지켜보는 또 다른 목숨이 있는 것은 아닐까.

제가 아무리 보아도 알 수도 없고, 굳이 알 필요도 없는 일에 매달려 더러는 굶어서, 더러는 다른 집단과의 싸움에, 그들을 먹이로 삼는 다른 생명들에 의해 무참히 죽는, 다행히 운이 좋아 오래 살아남는다 하더라도 결국 죽어 먼지 한 톨 만큼의 흙도 되지 못할 것이지요. 그런데 저는 그 개미들을 내려다보고 있었습니다. 물론 그 개미들은 자신들을 내려다보고 있는 누군가를 깨닫지 못하고 있을 것이지요. 그렇지만 저는 그대로 앉아 있었습니다.

상왕봉 가는 길에는 '살아서 천 년 죽어서 천 년'을 버틴다는 주목이 오대산의 부드러운 산자락을 감싸고 있었습니다. 같은 나무에서도 한쪽은 이미 죽어 고사목 상태로, 다른 한쪽은 짙은 색깔의 나뭇잎을 달고서 조화를 이루고 있었습니다.

 전국 방방곡곡을 바람처럼 떠돌았습니다. 저는 비로소 새소리를 들었고, 물소리를 들었습니다. 어디론가 흘러가는 구름을 보았습니다. 그리고 비로소 알았습니다.

 사물은 있는 그대로 존재하는 것이 아니라, 내 안에 존재하고 있음을. 저는 여태껏 저를 가두고 있던 두 눈에서 해방될 수 있었습니다. 매 순간마다 다가오는 고통을 무한한 기쁨으로 받아들였고, 인과관계를 맺고 있던 모든 것들을 부정하며, 어둠과 절망의 뒤편에 있는 밝은 햇볕을 찾아 집을 나섰던 것입니다.

 그것은 고통이었고, 그 고통을 통해 자기 해방을 찾는 자기 회귀의 여행이었습니다. 그리고 자기 부정을 하기 위해 삶의 방법을 바꾸었습니다.

 육지의 강기슭과 맞닿아 있는 어느 바닷가. 파도가 몰려가고 몰려오고 있었습니다. 저는 신문에서 오려낸 사진 몇 장을 쥐고 가만히 바다를 바라보았습니다. 하늘엔 검붉은 노을이 지고 있었습니다. 그 꽃노을 속 지난 날이 어른거렸습니다. 두고 온 수 많은 날들이 쏜살같이 지나갔고, 천천히 물속을 향해 걸어갔습니다.

 해변에 널려 있는 조약돌을 보았습니다. 저는 그 조약돌을 주웠습니다. 하나도 같은 것이 없었습니다. 하나도 다른 것이 없었습니다. 파도가 밀려와도 세월에 씻긴 조약돌만을 바라보았습니다. 물이 차올랐습니다. 물은 무릎을 적시고 가슴까지 차올랐습니다.

 저는 동화를 쓰기 시작한 것입니다. 가장 천진한 어린아이의 눈으로 하늘을 보았고, 바다를 보았습니다. 조약돌에 새겨진 세월의 의미를 알았습니다. 드디어 밀려온 물은 저의 목까지 차올랐습니다. 제가 육지로 나가려고 했을 때는 이미 제가 쥐고 있던 몇 장의 사진들이 파도에 둥둥 떠다니고 있었습니다. 그 것이 훗날 제 문학의 밑바탕이 되었고, 제 인생이 되었습니다.

저의 육신은 허우적거렸으나 정신은 그 어느 때보다도 명징(明澄)하여 당황하지 않았습니다. 아무것도 겁나지 않았습니다. 저는 그 사진들을 버리고 가까스로 육지로 나왔습니다. 모든 것을 그렇게 버릴 수 있다고 생각했습니다. 자신을 가두고 있던 그 모든 것에서 벗어날 수 있음을 선언했습니다.

갈등.

본래는 한자로 칡 갈(葛)과 등나무 등(藤)이라는 글자를 조합한 것으로 칡은 왼쪽으로 덩굴을 감으며 올라가고, 반대로 등나무는 오른쪽으로 덩굴을 감으며 올라가서, 두 개체가 얽히면 아주 풀기 어려운 모습을 말하지요. 게다가 칡과 등나무는 너무 질겨서 한번 얽히면 풀기 어렵다 하여 생긴 말입니다. 우리 공동체 안 개인이나 집단 사이에서 서로 간의 의견충돌이나 마찰에 비유하여 쓰이지요.

DJ는 평생 이 칡과 등나무의 관계처럼 갈등 속에 살았습니다. 그 자신뿐만 아니라 국가 간의 갈등, 지역 간의 갈등, 집단과 단체 간의 갈등 속에서 자신의 길을 찾기 위해 진력하였지요. 사실 정치란 바로 이 갈등을 해결하기 위해 생겨난, 어쩌면 필요악인지도 모르겠습니다.

신석정.

덧없이 산에 오를 때가 아니라 내려올 때면 왜 자꾸 그가 생각나는 것일까요?

저는 실상 김남주 형의 시가 아니라 석정처럼, 미당처럼 시를 쓰고 싶었습니다. 남주 형의 시를 읽으면 울분을 삼켜도, 석정이나 미당의 시를 읽으면 마음이 가라앉았습니다. 너무나 정치적이었던 미당과 달리 너무나 정치와는 거리가 멀었다고 생각했던 석정, 그러나 훗날 무더기로 발견된 그의 시는 결코 목가적인 시인이 아니었음이 고스란히 드러났습니다. 그는 동화로 정치를 한 것입니다. 우리가 바라는 진짜 세상을 야무지게 꿈꾸면서도 그는 침잠할 줄 알았습니다.

〈목포의 눈물〉을 사랑했던 DJ가 진짜로 사랑했던 시인은 어쩌면 석정이었을 겁니다. 그는 한국 정치라는 요란한 굿판에 서서도 한라에서 백두까지 새가 날고 노루가 뛰어다니는 능금 과수원을 그렸던 것입니다. 미워하지 않으면, 그는 보복할 줄도 몰랐습니다. 그래서 오히려 더욱 사람들의 질시를 받았습니다.

당신은 한국의 존 F. 케네디

DJ가 전두환에게 보낸 1차 탄원서

대통령 각하

본인은 광주사태 배후조종혐의 및 국가보안법, 반공법, 내란예비음모, 계엄포고 위반 사건 등으로 1, 2심에서 사형선고를 받고 현재 상고 중에 있습니다. 본인은 그간 본인의 행동으로 국내외에 물의를 일으켰고 이로 인하여 국가 안보에 누를 끼친 데 대하여, 책임을 통감하며 진심으로 국민 앞에 미안하게 생각해 마지않습니다.

본인은 앞으로 자중 자숙하면서 정치에는 일절 관여하지 아니할 것이며 오직 새시대의 조국의 민주 발전과 국가 발전을 위하여 적극 협력할 것을 다짐합니다. 본인은 본인과 특히 본인 사건에 연루되어 수감 중에 있는 사람들에 대하여 전두환 대통령 각하의 특별한 아량과 너그러운 선처가 있으시기를 바라마지않습니다.

1981년 1월 18일

DJ가 전두환에게 보낸 2차 탄원서

각하께서도 아시다시피 본인은 교도소 재소 생활이 2년 반에 이르렀사온데 본래의 지병인 고관절 변형, 이명 등으로 고초를 겪고 있으며 전문의에 의한 치료를 받고자 갈망하고 있습니다. 본인은 각하께서 출국허가만 해 주신다면 미국에서 2~3년간 체류하면서 완전한 치료를 받고자 희망하온데 허가하여 주시면 감사 천만이겠습니다.

아울러 말씀드릴 것은 본인은 앞으로 국내외를 막론하고 일절 정치활동을 하지 않겠으며 일방 국가의 안보와 정치의 안정을 해하는 행위를 하지 않겠음을 약속드리면서 각하의 선처를 앙망하옵니다.

1982년 12월 13일

DJ는 훗날 탄원서가 자의가 아니라고 밝혔습니다. 이 세상 어느 누가 당장 죽을지도 모르는 영어(囹圄)의 상태에서 그런 편지를 쓰지 않겠는지요? 더구나 DJ는 정치인입니다.

설령 DJ가 그렇게 쓰지 않아도 어차피 그렇게 써질 편지였습니다. 그 당시 안기부가 어딥니까? 사실 전두환에게 보낸 그의 편지는 아무런 의미도 없는 휴지에 불과하지 않았을까요? 만약 그로 인하여 그를 비난하는 사람이 있다면 저는 이렇게 이야길 할 것입니다. "당신도 사형선고나 무기징역을 받고 감옥에 한번 가봐라." 더구나 DJ는 아무런 죄가 없는 사람이었습니다. 죄가 있다면 우리나라의 민주주의와 통일을 열망한 죄밖에 없는 정치인이었지요.

로널드 레이건 대통령은 와인버거 미 국방부장관과 그레그 전 대사를 한국에 급파했고, 이들은 전두환 신군부를 상대로 DJ 구명운동에 나섰습니다. 이들의 노력 때문이었는지 DJ는 사면을 받아 미국 망명길에 오를 수 있었습니다. DJ

구하기에 혁혁한 공로를 세운 그레그 CIA 지부장이 1989년에 주한 대사로 부임하게 되자 DJ는 감사 편지를 보내기도 했습니다.

"나는 개인적으로 귀하가 대사로 오게 돼 기쁩니다. 왜냐하면 귀하는 1973년, 1980년 두 차례에 걸쳐 나의 목숨을 살려줘 내가 깊이 신세를 졌기 때문입니다."

1984년부터 1994년까지 10년간 독일 대통령을 지낸 폰 바이츠제커는 1969년 세계교회협의회(WCC) 대표단의 일원으로 서울을 방문해 당시 야당 지도자였던 DJ와 처음 인연을 맺은 후 지난 40년 동안 깊은 우정을 나눴습니다. 그는 특히 독일 연방하원 부의장으로 있던 1980년 DJ가 신군부로부터 사형선고를 받자 하원에서 'DJ 구명 결의안'이 채택되는데 결정적 역할을 하는 등 국제적 구명운동에 앞장섰습니다.

DJ의 사형 집행을 막는데 결정적인 역할을 한 것은 교황 요한 바오로 2세의 편지였습니다. 1980년 12월 11일, 교황 요한 바오로 2세는 서울 주재 로마 교황청 대사관을 통해 전두환 대통령에게 1차 편지를 발송해 DJ의 선처를 당부했습니다. DJ의 형량이 사형에서 무기징역으로 감형된 직후인 이듬해 2월 14일 2차 편지를 보내 전 대통령에게 감사의 뜻을 전달했습니다.

DJ의 도미 직후, 전두환은 DJ가 정치에서 손을 떼고 건강에 유의하며 살겠다는 각서를 쓰고 미화 7~8만 달러까지 받아서 미국으로 갔는데, 1년도 안 돼 기자 인터뷰를 통해 정치활동을 했다며, 국회의원 될 자격도 없는 머리 나쁜 선동가라고 비난하였습니다. 우스운 일이었지요. 자기 눈을 가린 더러운 기둥은 보지 않고, 남의 눈에 낀 티를 바라보며 비웃는 격이지요. 물론 그도 그의 영원한 스승, 박정희와 같은 비참한 처지로 전락하였지만.

그 와중에도 DJ는 1983년 1월 31일에는 뉴스위크와의 회견에서 한국 민주화와 인권 상황에 대한 입장 표명을 했고, 미국에서 유니언신학대 구제위원회

고문, 국제고문희생자 구원위원회 고문과 하버드 대학교 국제문제연구소 객원연구원으로 활동하며, 재미 한국인권문제연구소를 창설해 미주지역에서 한국 민주화에 관심을 기울이다가 1985년 2월 8일에 마침내 귀국하였습니다.

 그러나 불과 1년 6개월 전인 1983년 8월, 필리핀의 야당 인사 베니그노 아키노가 미국 망명길에서 돌아오다가 마닐라 공항에서 암살되는 사건이 있었기에 당시 DJ의 귀국 결정에 대해 주변 인물들은 물론이고 미국 정부까지도 만류하였습니다. 그럼에도 불구하고 DJ는 조국의 상황을 외면할 수 없다는 이유를 들어 귀국을 강행하였습니다.

 당시 전두환 정부는 DJ가 귀국할 경우 남아있는 형을 집행하기 위해 교도소에 재수감하겠다고 경고하였고, 이에 미국 정부는 전두환 정부가 DJ의 무사 귀국을 보장하지 않으면 당시 논의 중이던 전두환의 방미를 백지화시키겠다는 강경한 입장을 보였습니다. 케네디 의원과 당시 테네시주 상원의원이던 앨 고어 전 부통령 등은 DJ의 안전한 귀국을 보장하라며 전두환 대통령에게 편지를 보냈

미국 망명을 마치고 귀국하는 기내에서 휘호 쓰는 김대중 1985.02.06

습니다.

에드워드 케네디 미국 상원의원은
1971년 당시 신민당 대선후보로 미
국을 방문한 DJ에 대해 "당신은 한국
의 존 F. 케네디"라며 지지를 표명했
습니다. 그는 1980년 DJ가 신군부에
의해 사형선고를 받자 구명운동에 앞
장섰고 미국 망명 생활과 귀국 때도 큰
도움을 줬습니다.

미국방문 중 에드워드 케네디(Edward Kennedy)
상원의원과의 만남 1971.02.05

이에 전두환 정부는 한발 물러서서 DJ에 대해 가택연금 외에는 어떠한 조치
도 취하지 않겠다는 약속을 했으며, 그래도 전두환 정부의 DJ 암살을 우려한
미국 하원 의원 토머스 폴리에타와 에드워드 페이언을 비롯한 여러 저명인사
들이 DJ를 에워싸고 김포공항 입국장까지 동행한 덕분에 별다른 불상사는 없
었습니다.

암살 걱정을 무릅쓰고 김포공항에서 대인접촉이 봉쇄된 채 귀국 1985.02.08

하지만 DJ는 김포공항 입국장에서 기다리고 있던 안기부 요원들과 경찰들에게 강제 연행되어 동교동 자택에 연금되었습니다. 그러나 그는 옥중에서도 1985년에는 YS와 함께 민주화추진협의회 공동의장에 취임했으며 이듬해에는 신민당 상임고문으로 추대됐으나 당국에 의해서 취임이 저지되었습니다.

리처드 앨런 미 전 안보보좌관은 손석희의 '시선집중'에 출연해 DJ 구명운동에 관한 비화를 공개했습니다. 그는 당시의 상황을 설명하며 레이건은 전두환이 아닌 DJ를 지지했고 한국에서 이와 관련해 잘못 알려진 사실과 전두환 신군부의 역사왜곡은 놀라울 정도였다고 말했습니다. 당시 DJ의 생명을 구함으로써 한미관계를 회복할 수 있었다고 밝혔습니다.

1995년에는 광주 민주화 운동에 관한 특별법(5·18 특별법)이 제정되어 DJ를 비롯한 관련자들의 재심 청구와 명예 회복이 이어졌고, DJ는 대통령 임기를 마친 2003년 재심을 청구해 2004년 1월 이 사건에 대한 무죄를 선고받았습니다.

형집행정지 중에도 정치활동을 계속한다는 이유로 오전부터 경찰에 의해 가택보호조치 1985.07.31

"79년 12 · 12사태와 80년 5 · 18을 전후해 발생한 신군부의 헌정파괴범행을 저지하거나 반대함으로써 헌법의 존립과 헌정질서를 수호하기 위해 행한 정당한 행위이므로 형법 제20 조의 정당행위에 해당, 범죄가 되지 않는다."

재판부 판결문 中

어쨌든 DJ의 고난 후에 DJ, YS를 포함한 김종필, 3人의 三金시대가 본격적으로 열렸다는 것은 역사의 아이러니 않을 수 없습니다.

정치는 우리의 바람과
무관하게 흘러간다

 1987년 9월 29일, YS와 DJ 고문 간 후보단일화 회담을 하였으나 이견 차이를 좁히지 못하고 결렬되었습니다. 다음날, DJ는 다시 제13대 대통령 선거 후보 출마를 YS측과 야당 후보 단일화 협상을 벌였으나 양자 간의 시각 차이만 확인하고 또 다시 결렬되었습니다. 재야인사들의 통합 요청에도 불구하고 협상이 결렬되자, 이는 군사정권 후계자를 놓고 야당 지도자 간 분열했다 하여 적전 분열이라는 비판을 초래하였지요.

 그리고 10월 10일, 통일민주당을 장악한 YS가 대통령 선거 출마를 발표하고 나서자 당내 경선에서 절대적으로 불리한 위치에 놓여있던 DJ는 10월 18일 통일민주당을 탈당했습니다. 11월 12일에는 평화민주당을 창당해 대표 겸 13대 대통령 후보로 선출된 이후 야당 후보였던 YS와 후보 단일화를 이루지 못한 채 12월 16일 제13대 대통령 선거에 출마했지만, 노태우와 YS에게 밀려 611만 표를 얻고 낙선했습니다.

 지금 생각하면 통탄할 일이요, 그 일로 인하여 두 사람 모두 커다란 비판을 받기도 했지만, 멀리 내다보면 우리 정치사에 그다지 악영향을 끼친 것 같지는 않습니다. 두 사람 모두 나란히 대통령이 되었으니까요. 그것도 전후로 나란히 말입니다. 어차피 굴곡진 우리 정치, 조금 뛰어나다 하면 그대로 죽임을 당하거나 좌절하여 쓸쓸히 사라진 인사들이 어디 한 둘이었던가요.

1988년 그는 평화민주당 소속으로 제13대 국회의원이 되었습니다. 1989년 1월 9일 일왕(日王) 히로히토가 사망하자 당시 평화민주당 총재를 역임 중이던 DJ는 주한 일본 대사관저에 마련된 분향소에서 히로히토 영정 앞에 머리를 숙여 조문했습니다.

왜 그랬을까요? 바로 이 점이 그의 남다름을 나타내고 있습니다. 그 누구보다도 친일 인사를 싫어하는 그가 공개적으로 일왕을 만난다는 것은 상식적으로 맞지 않습니다. 그래도 그는 그런 사람이었습니다. 그는 이 세상 그 누구도 원망하지 않는 사람이었습니다. 이 나라 대통령으로서 그들에게 먼저 손을 내밀었던 것입니다.

1989년 8월 2일, 서경원 의원 방북사건으로 중부경찰서에 강제구인되어 14시간 동안 수사를 받았습니다. 1990년에는 노태우, YS, 김종필의 3당 합당을 '원칙을 어긴 3당 야합'이라며 반대하고 투쟁을 선언하며 규탄하였습니다. 그러나 YS는 그의 비판에도 불구하고 예정대로 3당 통합에 참가하였습니다. 호랑이를 잡으려면 호랑이 굴로 들어가야 한다는 말을 남기고 말입니다.

제14대 대선후보 초청 정책토론회(언노련 주최) 1992.08.31

3당 합당으로 출범한 거대 민자당은 대다수 국민들의 실망을 사, 많은 의석을 잃었습니다. 당시 대통령이었던 노태우는 '6공 황태자'라고 불리던 박철언(5공 관련자였고, 87헌법을 작성한 인물)을 후계자로 내세우려고 했습니다. 그러나 민주당 출신이었던 YS는 이에 반발하였고, 노태우는 결국 YS를 후계자로 지목했습니다(물론 민자당 대선 후보 경선에서는 5공 계열인 이종찬이 출마했으나 사퇴했습니다). 이로써 군 출신 후보는 사라지고 순수 민간인끼리 대결하게 되었습니다. 그 결과 1992년의 대통령 선거는 3파전 구도가 되어 DJ는 YS, 국민당의 정주영과 대결하게 되었습니다. 특히 이 선거는 한때 민주화를 주도했던 양 김이 여야의 위치에서 대결했다는데 그 특징이 있습니다. 거의 평생을 함께 싸우며 뭉친 동지들끼리의 대결이었지요. 언젠가 한 번은 결판을 내야 될 두 사람의 운명이었습니다.

여기서 문제가 발생했습니다. 선거 기간 중 YS측 선거대책회의 참석자들이 "우리가 남이가, 이번에 안 되면 영도다리에서 빠져 죽자."라고 지역감정을 조장하는 발언을 했는데, 이는 심각한 문제가 되었습니다. 이런 사실을 폭로한 정주영 후보 측은 불법 도청으로 인해 공격을 받았습니다. 이것이 이른바 '초원복집사건'이었습니다. 그러나 지역감정을 부추기는 초원복집사건에 대한 폭

제1차 중앙위원회 회의에서 새정치국민회의의 깃발을 흔드시는 모습 1995.10.16

로가 오히려 영남표를 집결시키는 역풍을 일으켰습니다. 이때 YS를 못마땅하게 여겼던 대구, 경북 출신 군부 인사인 정호용 등이 같은 경상도임을 내세워 지지를 호소했습니다.

사실 그것은 두 사람 모두에게 불행한 일이었습니다. 한 사람은 오히려 그 사건으로 혜택을 받았지만 자신에게 떳떳하지 못했고, 한 사람은 지역이라는 한계에 갇혀 또 한 번 패배의 쓴 잔을 마실 수밖에 없었던 것입니다.

역사에는 절대로 가정이 있을 수 없습니다. 그러나 그때라도 두 사람 중 한 사람이 아름다운 양보를 하였다면 우리나라의 정치지형은 정말로 아름답게 되지 않았을까요? 그러나 무릇 정치란 우리의 바람과는 무관하게 흘러갑니다. 도무지 종잡을 수 없이 말입니다.

DJ는 12월 18일에 치러진 대통령 선거에서 800만 표를 얻어 190만여 표 차이로 낙선하였습니다. 그는 선거결과에 승복하며 12월 19일에 정계 은퇴라는 성명을 발표하였습니다. 이제는 군부가 아닌 동지에게 졌기에 그는 깨끗하게 승복했습니다. 역시 그다운 선택이었습니다.

제14대 대선 민주당 부산선거유세에 참석하여
시민들에게 인사하는 김대중 대통령 후보 1992.12.06

DJ 정계 은퇴 성명서

존경하는 국민 여러분.

저는 또다시 국민 여러분의 신임을 얻는 데 실패했습니다.

저는 이것을 저의 부덕의 소치로 생각하며 패배를 겸허한 심정으로 인정합니다.

저는 김영삼 후보의 대통령 당선을 진심으로 축하하는 바입니다.

저는 김영삼 총재가 앞으로 이 나라의 대통령으로서 정치, 경제, 사회 모든 분야에서 성공하여 국가의 민주적 발전과 조국의 통일에 큰 기여 있기를 바라마지 않습니다.

국민 여러분!

저는 오늘로써 국회의원직을 사퇴하고 평범한 한 시민이 되겠습니다.

이로써 40년의 파란 많았던 정치 생활에 사실상 종말을 고한다고 생각하니 감개무량한 심정을 금할 길이 없습니다. 그간 국민 여러분의 막중한 사랑과 성원을 받았습니다. 진심으로 감사합니다. 국민 여러분의 하해 같은 은혜를 하나도 갚지 못하고 물러나게 된 점 가슴 아프고 송구스럽게 생각합니다.

한편 이기택 대표 최고위원 이하 당원 동지 여러분께서는 오랜 세월 동안 저에 대하여 이루 말할 수 없는 협력과 성원을 아끼지 않았습니다.

당원 여러분이 베풀어 준 태산 같은 은혜를 무어라 표현할 길이 없습니다.

앞으로 한 당원으로서 저의 힘닿는 데까지 당과 동지 여러분의 발전에 미력이나마 헌신 협력할 것을 다짐하는 바입니다. 다시 한 번 국민 여러분과 당원 동지 여러분들의 건승을 빌면서 가슴 벅찬 심정으로 감사의 인사 말씀을 드리는 바입니다.

이제 저는 저에 대한 모든 평가를 역사에 맡기고 조용한 시민 생활로 돌아가겠습니다. 국민 여러분과 당원 동지 여러분의 행운을 빕니다.

1992년 12월 19일

이 성명에는 그의 담백한 성품과 YS를 진심으로 축하하며 걱정하는 마음이 오롯이 들어있습니다. 상대가 박정희나 전두환이었다면 죽어도 패배를 인정하지 않았을 DJ. 오랫동안 동지였으며 정적이기도 했던 YS에게는 진정 어린 축하를 보낸 것입니다. 이것이 진짜 DJ의 모습입니다. 자신에게는 격렬했지만 현실 상황을 누구보다도 잘 받아들이는 합리주의자였고, 또한 함께했던 당원 동지들과 국민들께 한없이 미안한 마음이 담겨있습니다. 아마도 그 당시에는 자신이 다시 정계에 복귀하리라는 일말의 미련도 갖지 않았던 것 같습니다.

물론 측근들의 희망을 저버릴 수 없었던 게지요. YS 이름으로 처음 들어선 문민정부, 우리 민주주의의 근원적인 악이었던 군부 정치인들을 몰아내고 금융실명제를 시행하는 등 나름대로 일정의 성과를 거두었지만, 그동안 쌓였던 적폐를 몰아내기엔 역부족이었습니다. 그로 인해 1995년 6월 27일에 실시된 지방선거에서 민주당이 수도권을 장악하며 대승을 거두자 DJ의 정계 복귀는 더더욱 구체화 되었습니다. 1995년 7월 18일, DJ는 과감하게 정계복귀를 선언하였고, 민주당 탈당파들과 함께 새정치국민회의를 창당했습니다.

그들의 운명

제15대 대통령 선거 유세중인 김대중 후보 1997.12.16

1997년 대통령 선거에서 그는 또다시 야당 후보로 선출되었습니다. 하지만
당시 야권에서는 DJ로는 정권교체가 불가능하니 후보를 교체하자는 제3후보
론 이야기가 나왔습니다. 그러나 새정치국민회의 지지자 대다수는 받아들이지
않았고, 전당대회를 통해 DJ를 국민회의 대통령 후보로 선출하게 됩니다. DJ
는 한때 젊은 기수로 명성을 떨치던 정대철을 꺾고 국민회의 대통령 후보가 되
었습니다.

제15대 대통령 선거 거리유세 중 국민들과 악수하는 김대중 후보
1997.12.17

DJ의 대선 맞수로는 신한국당의 이회창 대표가 대선 후보로 선출되었습니다. 당시 이회창 후보의 지지율은 50%에 육박하면서 소위 대세론이 힘을 얻고 있었습니다. 하지만 야당의 끊임없는 이회창 후보 아들 병역 기피 의혹 제기로 인해 이회창 후보의 지지율이 크게 추락하였고, 이어, 이인제가 경선불복과 함께 독자 출마를 강행하면서 여권은 분열을 맞게 되었습니다. 반면 DJ 후보의 지지율은 꾸준히 올라 9월엔 30%에 안착하며 지지율 1위에 올라설 수 있었습니다.

또다시 찾아온 위기

10월 7일, DJ는 또다시 위기를 맞이하게 됩니다. 당시 신한국당의 강삼재 의원이 비자금 사건을 폭로하였는데, DJ 총재가 처조카 이형택을 통해 670억 원을 관리해왔고, 1991년 초에 노태우로부터 20억+α를 받았다는 것이었습니다. 이에 DJ와 국민회의는 날조라고 반박하며 위기를 모면하려 했으나 신한국당은 비자금 계좌까지 공개하며 DJ 후보를 압박했고 급기야 신한국당이 DJ를 고발하게 되었습니다. 추가로 신한국당은 DJ가 박철언으로부터 200억 원[4]을 받은 사실을 폭로하여 대선정국이 엄청난 혼란을 빚게 되었습니다.

---

4) 1997년 10월 신한국당 정형근 의원이 '김대중 총재가 노태우 씨의 중간평가를 유보해주는 대가로 200억 원을 받았다.'는 주장을 제기했다.

"나는 다소간의 정치자금을 받았지만, 선거를 치르고 당을 운영하는 데 모두 썼습니다. 그 사람들(노태우 정권)이 큰돈을 만져서 그런 모양입니다."

사실상 부정축재 의혹을 부인했지만 상황은 심각해졌고, 급기야 DJ 지지자들이 강삼재 씨 집에 24시간 넘게 살해 협박까지 하며 신한국 당사를 폭파시키겠다는 협박 전화까지 걸었습니다. 결국, 10월 20일 검찰이 비자금 수사를 시작하겠다고 선언한 후, 다음날 수사를 대선 이후로 미루는 것으로 계획을 변경하였습니다. 아마도 정치 9단 YS의 결단이었겠지요.

당시 검찰이 비자금 수사를 대선 이후로 미룬 이유는 여러 가지 설이 있으나 기아자동차 부도 사태, 경제상황 악화, 흉흉한 민심 등으로 인해 비자금 수사를 할 여건이나 상태가 아니었습니다. YS의 지지율이 10%도 안 되는 임기 말의 상황에서 야당의 비자금을 수사하고 탄압한다는 것에 적지 않은 부담감을 느꼈고 수사 규모도 너무 커서 검찰 스스로 감당할 수 없어 수사를 중지시켰다는 설이 유력하였습니다. 이후 10월 24일 대통령 YS와 가진 영수회담에서 DJ는 YS가 대선에서 중립적인 태도를 보이는 것에 대해 긍정적인 평가를 보였습니다. 뭉쳤다가 헤어지고, 헤어졌다가 뭉치는 그들의 운명이라고나 할까요.

1997년 11월 3일, 국민회의는 내각제 개헌을 약속하며 자민련의 총재였던 김종필, 박태준과 후보 단일화에 합의하였습니다. 신한국당도 이에 대항해 11월 21일 민주당과 합당, 당명을 한나라당으로 개명하였고 三金시대 청산을 내세우며 민주당의 조순 후보와 단일화를 이뤄냈습니다. 이때 김원기, 노무현 등 국민통합추진회의 소속 8명은 국민회의에 입당하게 됩니다. 이후 12월 18일까지 이회창, DJ, 이인제 3후보 간에 치열한 공방전이 갈수록 가열되어, 12월 14일에 열린 대선토론회에서 IMF 책임론에 대해 이회창 후보와 DJ 후보 간에 치열한 공방이 오가기도 했습니다.

결국 1997년 12월 18일, 대한민국 제15대 대통령 선거 개표 결과 DJ 후보가 10,326,275표(40.3%)를 획득해 9,935,718표(38.7%)를 획득한 이회창 후보를 39만여 표 차로 간신히 누르고 제15대 대통령으로 당선되었습니다. 이때 당시 현직 대통령의 세력이었던 충청남도 논산 출신의 이인제가 경기도 지사직을 사퇴하면서 대통령 선거에 나서 YS의 근거지라고 할 수 있는 부산, 경남을 중심으로 하여 4,925,591표(19.2%)를 얻어 DJ가 대통령에 당선되는데 결정적인 공헌을 하였습니다.

제15대 대통령 취임식 행사 후 카퍼레이드를 하며 퇴장하는 김대중 대통령 1998.02.25

이후 이인제는 DJ 대통령이 창당한 새천년 민주당에 입당하여 최고위원직을 맡게 되었고 2002년 대통령 경선 당시에는 이른바 '효자론(1997년 대통령 선거에서 DJ 대통령 당선의 일등공신)'을 내세워 자기가 차기 대통령 후보가 돼야 한다고 했지요. 그러나 국민경선에서 노풍 열풍을 일으킨 노무현 후보에게 패배하고 중도 사퇴하면서 노무현 후보에 대하여 색깔론을 제기한 것이 계기가 되어 새천년 민주당을 탈당하고 지금까지 보수진영의 정당 일원으로 정치 활동을 계속하고 있습니다. 그에 대한 평가는 이미 많은 국민들과 정치평론가들이 결론을 내린 상태라 더는 할 말이 없습니다.

DJ 대통령 되다 I

국난극복과 국민화합
햇볕정책
제2의 건국

꿈에나 그리던 대통령 DJ. 국민의 정부는 외환위기를 극복하고 IT·벤처기업을 육성하며, 남북정상회담 개최에 역점을 두었습니다. 그 결과 2000년에 누구도 상상할 수 없었던 남북정상회담을 개최하는가 하면 이듬해인 2001년 외환위기를 거의 완전하게 극복하는 업적을 남겼습니다. 그러나 제2의 건국은 추진하지 못했고, 결국 정치적 구두선(口頭禪)에 그치고 말았습니다. 비록 대통령이 되었어도 DJ를 가로막는 현실의 벽이 너무 높았던 탓이겠지요.

제15대 대통령 취임식에서 취임선서를 하는
김대중 대통령 1998.02.25

제15대 대통령 취임식에서 환호하는 시민들에게 손을 흔들어
인사하는 김대중 대통령 1998.02.25

대미정책

DJ 대통령은 민주당 빌 클린턴 대통령과 밀월관계를 유지했습니다. 2001년 한·미 정상회담 이후 대북정책은 한국 정부가 추진하는 것과 전적으로 일치한다고 밝힌 바 있고, 전통적 동맹 관계를 지속적으로 발전시키며 남북 문제에 대해서는 한국의 입장을 존중할 것임을 밝히기도 했습니다. 하지만 후임인 공화당 조지 W.부시 정부가 출범하며 대북정책에 대해 다소 갈등이 있었습니다.

대일정책

1998년 10월 일본에 공식 방문하여 오부치 게이조 일본 총리와 '21세기의 새로운 한·일 파트너십 공동선언'을 발표했습니다. 구체적으로는 '30억 불 상당의 일본 수출입은행에 의한 금융지원', '공과대학 학부 유학생 상호 파견', '일본 대중문화 개방', '한일 간 국회의원 교류', '한일 안보정책 협의회 실시 및 국방 당국 간 방위교류', '대북정책에 관한 한·일 정책협의 강화', '북한 핵·미사일 문제에 대한 협력' 등을 약속하였습니다.

또한, 오부치 총리는 DJ 대통령의 대북정책에 대한 지지를 표명하였으며, "일본이 과거 한때 식민지 지배로 인하여 한국 국민에게 막대한 손해와 고통을 안겨 주었다는 역사적 사실을 겸허히 받아들이면서, 이에 대하여 통절한 반성과 마음으로부터의 사죄"를 하였습니다. 'DJ-오부치 선언'에서 일본의 사죄는 최초로 한국을 지칭한 사과라는 점, 기존의 담화형식이 아닌 공식문서화 했다는 점, 일본정치의 주류인 자민당 보수 정권의 사과라는 점에서 진일보한 사과로 평가받고 있습니다. DJ는 양국이 과거의 불행한 역사를 극복하고 화해와 선린 우호 협력에 입각한 미래지향적인 관계를 발전시키기 위하여 서로 노력하는 것이 시대적 요청이라는 뜻을 표명하였습니다.

1998년 11월 한일어업협정이 다시 체결되었습니다. 그 결과 독도가 한일 배

타적 경제 수역 안에 놓이게 되었고, 이에 대해 독도의 영유권이 침해당했다며 헌법재판소에 헌법소원심판이 청구되었습니다. 헌법재판소는 어업을 위해 양국이 정한 수역과 섬의 영유권 내지는 영해 문제는 서로 관련이 없다 하여 이를 기각했습니다. 독도를 대한민국의 영토인데도 이를 중간수역으로 설정하면서 일본의 독도강탈 시도를 그대로 받아들였다는 주장이 있었습니다.

최낙정 전 해양수산부 장관은 "신 한일어업협정은 YS 정부 때부터 5년간 진행되다 DJ 정부 들어 마무리된 것으로 독도 영유권을 훼손했다고 보지는 않는다."고 말했습니다. 또한 "신 한일어업협정 조문에서 이 협정은 영유권에는 전혀 영향이 없다고 밝히고 있고, 헌법재판소나 국제사법재판소 역시 어업협정은 어업 문제에만 국한됨을 판시했다."고 덧붙였습니다. 사실 독도 문제는 우리 정부의 소관이 아니라 순전히 일본이 제기한 문제입니다. 문제는 우리의 의사와는 상관없이 일본은 독도를 자신들의 영토라고 우길 테니까요. 그건 엄밀히 YS의 잘못도 DJ의 잘못도 아닌 일본의 잘못이니까요.

그런 이유 때문인지 2001년 일본의 역사 교과서 왜곡 시도로 인해 한일관계는 경색 국면을 맞기도 했습니다. 그러나 DJ의 진중한 노력으로 2001년 일본과 20억 달러 규모의 통화 스와프를 체결했으며, 2002년 월드컵 한일 공동개최를 통해 한일관계 증진에 기여했습니다.

대북정책

국민의 정부 통일 정책 방향은 1970년 10월 당시 야당 대통령 후보 자격으로 가진 기자회견에서 "나의 통일 정책은 폐쇄 전쟁지향에서 적극 평화지향으로 가자는 것"이라고 밝힌 데서 시작되었습니다. 이후 평화공존, 평화교류, 평화통일에 입각해 공화국 연합제에 의한 국가연합제 단계 → 연방제 단계 → 완전통일의 단계를 거치는 점진적 통일 방식인 '3원칙, 3단계 통일 방향'을 구상하고 대통령으로 당선된 직후 김정일과의 정상회담을 공식 제안했습니다.

이 나라 정치인 그 누구도 상상하거나 실행할 수 없는 구상을 DJ는 꿋꿋이 했습니다. 그가 우리나라 민주주의에 밀알 한 알을 뿌렸습니다. 그는 우리나라 통일에 관해서 만큼은 지존이었습니다. 세계에서 유일한 분단국이라는 아픔을 지닌 우리나라의 통일에 관해서는 그만큼 해박한 식견과 지식을 갖춘 정치인은 전에도 없었고 앞으로도 영원히 나오지 않을지도 모릅니다. 물론 당시 권력자들과 일반 민중들은 이해하지 못했지요. 통일에 대한 그의 열망은 가히 시인 중의 시인 김남주를 능가하고도 남습니다.

그가 대통령이 되고 난 다음 펼친 햇볕정책은 조선민주주의인민공화국에 대한 대한민국의 대외 정책으로, 북조선에 협력과 지원을 함으로써 평화적인 통일을 목표로 하는 정책이었습니다. 햇볕정책은 비유법으로 사용된 상징어로 대북포용정책 또는 포용정책으로도 불리고, 공식적인 명칭은 대북화해 협력정책이었습니다.

누구도 사람의 옷을 강제로 벗길 수는 없다.
그저 말없이 따뜻한 햇볕 몇 줄기만 있다면 그 사람 스스로 옷을 벗기 마련이다.

햇볕정책은 바로 이 단순한 진리에서 출발했습니다. 당연히 햇볕정책으로 시작된 대북 포용정책은 국민의 정부 주요 정책 중 하나였습니다. 국민의 정부 이전 북한과의 관계는 형식적이고 교류가 이루어지지 않은 상태로 군사적 대치 관계에 놓여있었으나, '선평화 후통일'을 통일의 기본원칙으로 계승해 국민의 정부에 들어서 교류를 기반으로 한 화해, 협력 등을 강조한 포용정책으로 전환되었습니다.

그 정책을 통해 남북 정상회담과 개성공단 설립 등의 가시적 성과는 있었지만 현대가 북한에 7대 대북 사업권 구입을 위해 북한에 4억 5천만[5] 달러를 송금

---

5) '5억 달러'라고도 한다.

한 대북 불법 송금사건 도중 정상회담 대가도 포함되어 있는 것으로 잘못 밝혀져 후일 햇볕정책의 진정성과 투명성의 문제가 제기되는 계기가 되었습니다. 어림도 없는 일이지요. 당연히 전 세계에서 가장 폐쇄적인 북한을 협상 테이블로 이끌어 내기 위해서는 그들이 원하는 달러가 왜 필요하지 않았겠습니까?

그것을 가지고 투명성의 문제가 있다고 하는 것은 세계 어느 정부와도 협상을 하지 말라는 것 아니겠습니까? 정치와 역사는 어느 경우든 막후협상이 성패를 좌우합니다. 북한을 평화적인 길로 인도하기 위해서는 그 정도의 막후는 우리가 인정해야 하지 않을까요? 지금 생각해봐도 이상과 현실을 몽땅 짊어지고 갈 수밖에 없었던 DJ의 고뇌가 참으로 애처롭고 안타까울 따름입니다.

2000년 산마리노, 2002년 동티모르, 아프가니스탄과 수교하였습니다. DJ 대통령은 재임 중 동티모르 내전 종식과 독립을 도왔으며, 독립 후에는 상록수 부대를 파견하는 등 동티모르 국가 건설을 지원한 바 있습니다.

"지난 1999년 9월 아시아 · 태평양경제협력체(APEC) 정상회의 때 DJ 전 대통령이 동티모르 사태 해결을 위해 노력해 준 것에 대해 감사드립니다. 그때 김 전 대통령은 빌 클린턴 미국 대통령과 함께 장쩌민 중국 국가주석과 오부치 게이조 일본 총리를 설득해 동티모르 문제 해결에 앞장섰습니다."

동티모르 라모스 대통령은 DJ의 업적을 이렇게 기렸습니다.

그는 그런 사람이었습니다. 강대국에 빌붙어 정치를 하는 것이 아니라 숱한 역경 속에서도 희망을 잃지 않고 살아가는 가난한 사람들과 그들의 나라 편이 었습니다. 그렇다고 하여 그는 절대 모나지 않았습니다. 그가 가장 미워하던 일왕을 버젓이 만난 사람이었으니까요. 우리나라의 국익에 도움이 된다면 그는 악마와도 손잡을 용의가 있는 바로 그런 사람이었습니다. 가장 실용주의자면서 가장 마음 따뜻한 사람의 전형이었지요.

경제정책

경제위기 극복은 국민의 정부의 최대 치적으로 평가되고 있습니다. 역대 정권 최초로 정권 기간을 종합하여 무역수지 흑자, 경상 수지 흑자를 기록했습니다. 5년 연속 기록한 경상수지 흑자는 906억 달러가 증가했고, 연평균 증가액은 181억 1,400만 달러로, 역대 정권 가운데 가장 좋은 기록이었습니다. 연평균 소비자물가 상승률은 3.5%로 참여정부의 3.0%에 이어 2위를 기록했습니다.

국내총생산(GDP) 증가율은 연평균 4.5%로 노무현 정부의 4.3%보다 높았지만, 전두환 정부(8.7%), 노태우 정부(8.4%), 김영삼 정부(7.1%) 등에 비해서는 낮았습니다. 그러나 외환위기 직후인 1998년을 제외한 성장률은 1999년 9.5%, 2000년 8.5%, 2001년 4.0%, 2002년 7.2% 등으로 4년 평균 7.3%였습니다.

IMF 위기 극복

국민의 정부는 문민정부 말년에 발생한 IMF 외환위기 사태를 극복해야 하는 숙제를 떠안게 되었습니다. IMF로부터 구제 금융을 받은 대가로 강도 높은 기업 구조조정 실시를 요구받았고, 국제 수준의 기업 투명성 강화와 부채비율 축소정책을 추진하여 금융, 기업, 노동, 공공 4대 분야에 일대 개혁을 단행했습니다. 그리하여 2001년 8월, 예상보다 3년을 앞당겨 IMF 차입금을 전액 상환했습니다. 국민의 정부는 국제통화기금(IMF)과의 자금지원 합의를 통해 취임 한 달 후 214억 달러를 도입했습니다.

국민의 정부는 다각도로 위기 극복을 위해 대안을 마련했습니다. 첫째, DJ 대통령은 그룹 총수들과의 5개항 합의사항을 끌어내 기업의 경영 투명성 확보와 구조조정을 촉진했습니다. 둘째, 노사정 협의를 통해 노동시장의 유연성을 확보하기 위해 근로기준법을 개정해 정리해고제, 근로자 파견제 등을 도입했습니다. 셋째, 수출 증대와 외국인 투자 활성화를 위해 대통령이 주재하는 '무역·투자촉진 전략회의'를 설치 운영하고 외국인 투자유치 촉진을 위해서 외국인 투자 자유지역을 설정하며 원스톱 서비스 기능을 강화했습니다. 또한 실용주의 외교 노선으로 선진 각국을 방문, 외자 유치와 투자 지원의 성과를 거두었습니다. 넷째, 공공부문의 생산성 증대와 규제 완화를 위해 국책사업 민영화와 경쟁촉진으로 공기업의 경영혁신을 유도했으며 기업의 생산활동을 위축하는 경제 규제와 외국인에 대한 진입 규제 등도 완화했습니다.

 국민의 정부 초기의 성과로 우선 외환·금융시장의 안정을 들 수 있습니다. 경제수지 흑자와 외국인 투자자금 유입 등에 힘입어 외환보유액이 사상 최대 규모로 증가하고 환율도 안정세를 보였습니다. 구조조정의 성과가 반영되면서 금리도 한 자릿수로 안정되고 주가도 상승했으며, 금융시장도 점차 안정되는 모습을 보였습니다. 또한 실물경제가 마이너스에서 플러스 경제 성장을 이루었고, 한 자릿수 물가, 실업률 대폭 감소 등 빠른 속도로 경기를 회복했습니다. 1997년 이후 '투자 부적격'으로 하향 조정되었던 우리나라 국가 신용등급은 1999년 들어 '투자적격' 수준으로 회복되었고, 그에 따라 대외신인도도 개선되어 외국인의 직접 투자가 꾸준히 늘어났습니다.

금융기관 단기외채에 대한 만기연장과 외국환평형기금채권 발행도 성공적으로 이어지면서 환율과 금리 안정을 이끌어냈습니다. 신속한 구조조정을 위해 164조 원에 이르는 대규모 공적자금을 투입하고, 부실 금융사와 기업 퇴출작업을 진행했습니다. 또한 재벌의 독과점 폐해 견제와 재무구조 건전성 강화, 순환출자, 상호지급보증 해소 등 시장경제 규율을 확립하는 조치들도 우리나라가 IMF 체제에서 4년 만에 조기 극복하는 밑거름이 되었지요.

2004년 감사원은 국민의 정부가 실행한 구조조정과 경기증진에 관련하여 감사를 실시했습니다. 당시 정부가 투입한 164조 원의 공적자금이 IMF경제위기 극복은 물론 경제회복과 성장에 큰 도움이 됐던 것으로 감사원의 감사결과 드러나며 공적자금 투입은 적절한 정책이었던 것으로 평가했습니다. 감사원이 밝힌 공적자금 관리실태 감사결과에 따르면 정부의 공적자금 투입 결과 부실채권 규모는 1998년 3월 112조 원에서 2003년 6월엔 39조 원으로 줄어들었으며, 은행 BIS비율은 같은 기간 7%에서 10.5%로 높아지며 금융기관이 크게 건전해졌음을 알 수 있었습니다.

특히 1998년 1월 11.7%에 달했던 은행금리는 2003년 6월 기준 6.24%로 낮아졌고, 회사채수익률도 외환위기 당시인 1997년 12월 23.36%에서 2003년 6월엔 5.45%로 낮아져 금융시장이 크게 안정됐습니다. 또한 실물경제 회복도 두드러져 설비투자증가율이 1998년 마이너스 38.3%에서 2000년엔 35.3%로 높아졌고, 제조업도 같은 기간 마이너스 7.4%에서 15.9%로, GDP성장률은 마이너스 6.7%에서 9.3%로 높아졌습니다.

삼성경제연구소는 공적자금지원을 통해 GDP 626조 원, 재정수입 134조 원의 증대효과가 있었던 것으로 추정했습니다. 한국금융연구원은 공적자금을 지원하지 않았다면 GDP는 계속 급락했을 것이고, 2001년까지 금융위기에 따라 900조 원 가까이 발생할 수 있는 경제적 손실이 295조 5천억 원에 그친 것으로 평가했습니다.

그리고 마침내 2001년 IMF에서 빌린 195억 불을 전액 상환함으로써 4년여에 걸친 외환위기 사태는 막을 내렸습니다. 그러나 한국전쟁 이후 최대 국난이라는 촌평답게 외환위기 사태 이후 한국 사회는 평생직장 개념이 사라지고 명예퇴직으로 인해 수많은 중산층 가정이 몰락하는 일대 변혁을 가져오게 되었습니다.

IMF 극복기념 열린음악회에 참석한 김대중 대통령 내외 2001.08.26

복지정책

국민의 정부는 어쩔 수 없이 정리해고와 같은 큰 고통을 감수해야 했지만 사회적 약자에 대한 복지정책은 양적으로 크게 확대했습니다. 외환위기에서 가장 피해를 입은 저소득층을 복지정책으로 끌어안으려는 시도였던 것이죠. 경제영역에서는 신자유주의 정책을 추진하는 한편 대한민국 복지제도의 핵심을 이루는 국민기초생활보장법 제정과 전 국민 단일 건강보험 등 사회적 약자를 보호하는 복지국가의 기틀을 마련했다는 것에 찬탄을 금할 수 없습니다. 외환위기를 극복하기에도 힘이 부칠 텐데 어떻게 국민들의 복지정책까지 신경 쓸 수 있었을지 가히 놀라울 따름입니다.

이뿐만이 아닙니다. 1998년부터 3년 동안 20조 원 규모의 실업대책이 쏟아졌고, 국민연금 확대 실시와 같이 사회안전망을 확대하는 기반정책도 추진됐습니다. 또한 사회적 약자를 사후 시혜적으로 지원해주는 것이 아니라 일할 능력이 있는 사람에게는 일할 기회를 더 만들어주고 일할 능력이 부족한 사람에겐 교육과 훈련을 통해 복지를 제공하는 '생산적 복지'를 기반으로 하는 사회안전망 구축에 주력했습니다. 이 또한도 멋진 일이지 않습니까?

이렇게 생산적 복지이념과 사회 각계의 합의를 바탕으로 1999년 9월 국민기초생활보장법이 제정되고 1년 뒤인 2000년부터 전면 시행되었습니다. 1999년 1조 원도 안 됐던 저소득층 생계비와 의료비 지원은 이듬해엔 4조 원으로 급증하게 됩니다.

국민의 정부는 야당의 반발을 무릅쓰고 지난 20년간 끌어온 의료보험 관리운영체계 논쟁에 종지부를 찍고 통합 의료보험제도를 출범시켰습니다. 이런 노력으로 복지재정과 그 수혜자가 크게 늘어 국민의 정부 출범 이전인 1997년 보건복지부 예산은 2조 8,510억 원으로 국가예산의 4.2%를 차지했으나 2002년에는 7조 7,750억 원, 그 비중이 7.3%로 확대되었습니다. 기초생활보장 수급자도 1997년 37만 명에서 2002년 155만 명으로 늘어났고, 대규모 공무원 감축이 진행되던 상황에서도 사회복지 전담 공무원은 3천 명에서 5,500명으로 증가하게 됩니다.

지금 생각해도 드라마틱한 전개였고 과감한 결단이라고 생각합니다.

보건복지부장관으로부터 업무보고를 받고 있는 김대중 대통령 1999.04.08

금고가 비었다

50년 만의 수평적 정권 교체였지만 국민의 정부가 물려받은 거라곤 외환보유고 단돈 39억 달러, 원-달러 환율은 1,965원, 종합주가지수 379포인트가 전부였습니다.

"우리에게는 6.25 이후 최대의 국난이라고 할 수 있는 외환위기가 닥쳐왔습니다. 잘못하다가는 나라가 파산할지도 모를 위기에 우리는 직면해 있습니다 (1998년 2월 26일 취임사 중)."

DJ는 취임 전부터 외화 유동성 확보에 주력할 수밖에 없었습니다. DJ는 대표단 파견과 IMF와의 자금지원 합의 등을 통해 취임 뒤 불과 한 달 만에 214억 달러를 도입하여 국가부도 사태를 일단 막을 수 있었습니다. 그로인해 천정부지로 치솟던 환율은 점차 안정되었고 금리도 내려가기 시작했습니다.

1998년 6월, DJ는 미국을 방문했습니다. 어쩔 수 없었으니까요. 세계 금융의 중심지를 찾아 경제인과 금융인을 만나 대한민국에 투자해달라는 설명회를 열었습니다. 잠시도 쉴 틈이 없었지요. 고희를 넘긴 나이에도 엄청난 일정을 소화해야만 했던 절박한 상황이었습니다.

외화 유동성 위기라는 급한 불을 끈 DJ는 곧바로 기업과 금융, 공공, 노동 4대 부분에 걸친 강력한 구조조정에 들어갔습니다. IMF는 구제금융을 주는 대

가로 강도 높은 기업 구조조정과 긴축 재정정책을 요구했기 때문이지요. 이에
DJ는 은행퇴출과 부실기업 정리, 빅딜, 국제결제은행 자기자본비율 개선 등
사상 유례없는 구조조정을 일사불란하게 이끌었습니다.

제임스 울펀슨 세계은행(IBRD) 총재와 미셸 캉드쉬 국제통화기금(IMF) 총재를 접견하는 김대중 대통령 1998.06.11

  DJ는 외환위기 극복 과정에서 계파나 인맥보다 능력을 우선시한 인사를 했습
니다. 정말이지 그다운 행보입니다. 1기 경제팀의 핵심인 이규성 재정경제부
장관과 이헌재 금융감독위원장은 DJ와 일면식도 없는 사이였고, 오히려 이헌
재 금감위원장은 대선 때 이회창 한나라당 후보진영을 도운 전적이 있었지만
DJ는 이를 개념치 않았습니다.

"금고가 비었다."

 DJ는 외환위기를 국민들과 소통하면서 풀었습니다. 그 일화로 취임 전 '국민과의 대화'에서 이렇게 고백했지요. 과거 정권에선 상상도 못할 일이었습니다. 외환위기 직전까지 대한민국 경제 기초는 튼튼하다고 말하던 김영삼 정부였으니까요.

 "실업자가 100만 명으로 늘어날 것이다. 대책 마련에 최선을 다하겠다. 나는 오랫동안 노동자를 위해 왔지만 불가피한 방향으로 가고 있다."

 이렇게 대통령이 솔직하게 국민과 소통에 나서자 국민도 호응을 보냈습니다. 장롱 속에 모아둔 돌반지며 결혼반지까지 들고 나온 '금모으기 운동'으로 국민들이 화답했던 것입니다.

 그렇게 각각의 사연을 담은 금붙이들이 나라를 살리자는 마음 하나로 전국 각지에서 모여들게 됩니다. 외신 기자들은 이러한 기현상을 보고 취재를 시작했지만 긍정적으로 보지는 않았습니다.

 "인구 4천만 명의 작은 나라가 금붙이 몇 개 모아서 100억 달러가 넘는 부채를 어떻게 갚냐."며 비웃었습니다.

 그런데 우리가 누구입니까?

 나라가 위기에 처해지면 어김없이 나오는 특유의 애국심. 참으로 이상하면서도 하나로 단결되는 대한민국 아닙니까.

 우리 아버지, 어머니들은 국제사회의 비웃음 속에서도 금을 모으자며 목이 터

져라 소리쳤고 들불처럼 전국으로 퍼져갔습니다.

"대한민국은 IMF 부채를 갚는데 최소 10년이 걸릴 것이다."

1998년 1월부터 단 두 달 동안 금모으기 운동에 참여한 국민은 350만 명, 모인 금의 무게만 227톤. 비록 IMF에 빌린 돈에 비하면 절반이 채 안 되는 금액이었지만 이는 나라를 되살릴 수 있다는 희망에 불을 지폈습니다. 그렇게 우리는 전 세계의 무시와 비웃음을 뒤로한 채 단 4년 만에 모든 부채를 갚게 됩니다.

"대한민국 국민들은 하나같이 모두가 영웅이다."

그저 비웃기만 하던 외신 기자들은 대한민국 국민들의 희생정신과 애국심을 극찬하며, 동방의 작은 나라가 외환위기를 겪은 동아시아 국가들 중 경제 모범 국가로 회자되고 있습니다.

DJ는 입으로만 경제를 나불대는 대통령과 달랐습니다. 그는 재벌개혁이 미적거리자 "구조조정 약속을 지키지 않으면 5대 그룹도 워크아웃에 넣을 수 있다."며 그룹 총수를 만나 압박했습니다. 대우그룹이 사라졌고 현대그룹도 나눠졌습니다. 쌍용과 해태, 진로 등 재벌 그룹들이 잇따라 무너지면서 과거 30대 그룹 중 16개가 퇴출됐습니다. 이는 정경유착이 통하지 않는다는 신호탄이 됐고, 무리한 차입경영과 문어발식 사업확장이 자취를 감추게 됩니다. 기업 경영 방침도 성장 위주에서 수익 위주로 바뀌는 계기가 되었습니다.

국민의 정부는 부실의 싹을 근본적으로 도려내기 위해 부실 정도가 심한 은행을 정리하는 한편 대규모 공적자금을 투입했습니다. 1998년 6월, 자력으로 경영 정상화가 불가능하다고 판단한 동화, 동남, 대동, 경기, 충청은행을 퇴출시켰고, 은행의 구조조정을 위해 1999년에만 45조 2천억 원을 쏟아 부었습니다.

보험사 등 비은행권 금융기관까지 합하면 정부가 투입한 공적자금은 64조 원으로, 1999년 정부예산과 국민총생산이 각각 80조 원과 486조 원이었다는 사실을 감안할 때 당시 한해 투입한 공적자금은 어마어마한 규모였습니다.

IMF 조기 졸업을 위해 어쩔 수 없이 받아들인 규제완화와 민영화, 시장개방, 정부역할 축소. 노동시장 유연화로 우리의 일상이 과거와는 완전 달라지기 시작했습니다. 특히 정리해고제 도입은 외국 기업의 투자유치를 목적으로 한 의도가 강했는데, 외국인들은 해고가 자유롭지 못한 한국의 기업 토양으로 기업 구조조정 성공 가능성이 매우 낮다고 봤기 때문이지요. 50년 정치 기반인 노동계가 결사 반대한 정리해고까지 받아들일 정도로 외환위기는 처참하고 암담한 현실이었습니다.

노동자들과 함께 설렁탕을 먹는 김대중 총재 1987.11.13

DJ 대통령 되다 II

DJ는 대통령에 당선된 직후부터 작고 효율적인 정부로 만들어 나갈 것임을 대내외적으로 천명한 바 있었습니다. 내무부, 공보처가 폐지되었고 안기부, 검찰, 경찰의 기능을 재조정 했으며 통상대표부가 설치되고 정보통신부는 과학기술처를 흡수하여 기능을 더욱 강화시켰습니다.

그 밖에 여성의 인권 강화를 지원하기 위해 세계에서 열세 번째로 여성부를 신설하고 안기부는 국가정보원으로 개명, 부훈도 '음지에서 일하고 양지를 지향한다.'에서 '정보는 국력이다.'로 바꾸는 등 DJ는 당선 직후부터 대대적인 행정개혁에 착수했습니다.

햇볕정책

대북 포용정책인 이른바 햇볕정책도 정부 출범 직후부터 추진되었습니다. 1998년 6월 북한과 금강산 관광, 개발 사업에 합의했고 단독 사업자로 선정된 정주영 현대그룹 회장은 소떼를 몰고 판문점을 경유, 방북하여 김정일 국방위원장과 남북 경제협력에 대한 회의를 했습니다. 11월엔 첫 금강산 관광선인 금강호가 출항하게 되었고 1999년엔 대북 사업을 위해 현대아산을 설립, 평양에 체육관을 건설하는 등 대북 협력에 더욱 박차를 가하게 됩니다.

햇볕정책은 2000년 6월 15일에 있었던 남북정상회담으로 절정에 이르렀습니다. 이는 분단 이후 최초의 남북정상회담으로, 이 자리에서 DJ와 김정일 국방위원장은 낮은 단계의 연방제를 골자로 하는 통일 방향에 합의한 '6·15 남북 공동선언'을 발표하고 개성공단 설립에 합의하였습니다. DJ, 그가 아니었으면 결코 할 수 없는 일이었지요.

그리고 같은 해 말, 햇볕정책을 통해 남북 간의 관계를 진전시키고, 독재정권 시절 한국의 인권에 헌신한 공로로 노벨평화상을 수상했습니다. DJ는 로마에서 열린 노벨평화상 수상자 정상회의에서 "북핵 문제가 평화적으로 해결돼야 하고 핵 문제에 있어서 이중잣대는 안 된다는 점 등 우리가 기대했던 것이 모두 반영된 최종 선언문이 채택됐습니다."라고 말했습니다.

언제나 그랬듯 햇볕정책에 대한 비판과 정책 추진 도중 많은 잡음도 있었습니다. DJ는 2000년 2월 8일 일본 TBS 지쿠시 데쓰야 NEWS23 특별 회견에서 "김정일 총비서는 지도자로서의 판단력과 식견을 갖추고 있는 것으로 알고 있습니다." 라는 발언을 해서 한동안 야당인 한나라당에게 색깔론 공세를 받게 됩니다.

참으로 어처구니가 없는 일이었지요. 평화적 통일을 위해서는 김정일을 무슨 수를 써서라도 대화의 장으로 이끌어 내야 하는 DJ의 입장에서는 당연한 일임에도 이 나라 언론과 한나라당은 차마 말로 표현할 수 없는 비난을 퍼부었습니다. 그러나 이러한 DJ의 노력은 해외에서도 인정받아 1999년 5월엔 홍콩의 시사주간 아시아위크가 선정한 '아시아에서 가장 영향력 있는 지도자 50인' 중 공동 1위에 올랐습니다.

앞서 밝힌 바와 같이 여기에 대북 불법 송금사건이 터지면서 햇볕정책은 본격적으로 비판의 대상이 되기 시작했습니다. 정부가 남북정상회담이 있기 전인 2000년 6월 12일 5억 달러를 현대그룹을 통해 북한에 송금한 이 사건은, 2003년 특검으로 현대상선, 현대전자, 현대건설 등이 5억 달러의 비밀 자금을 마련했다고 했고, 특검이 진행되는 도중인 2003년 8월, 정몽헌 현대아산 회장이 자살하면서 그 파문이 크게 일었습니다.

여기에 DJ의 측근인 박지원은 SK 등 대기업 자금 1억원 수수 및 대북 불법 송금혐의로 2006년 징역 3년형을 선고받으며 특검은 종결되었습니다. 막후협상을 맡은 그로서는 정말 억울한 일이었지요. 한편, DJ는 퇴임 이후 첫 외신과의 인터뷰였던 2004년 파이낸셜 타임스와의 인터뷰에서 "북한에 1억[6] 달러를 지원한 것에 대해 후회하지 않는다."라고 대북 불법 송금에 대한 자신의 소회를 밝혔습니다.

이렇듯 햇볕정책의 큰 틀 안에서 2000년 정상회담을 통해 남북공동선언을 채택하고 불법을 무릅쓰며 현금까지 지원했지만, DJ의 기대와는 달리 북한의 태도는 크게 달라지지 않았습니다. 역시 북한 또한 남한처럼 통일보다는 자신들의 권력유지에 혈안이 되어 있었으니까요. 그것은 지금도 달라지지 않았습니다. 불행한 일이지요. 더구나 북한은 1999년 제1연평해전, 2002년 제2연평해전, 두 차례 도발을 감행했으며 2003년엔 미국과의 대화가 진행되지 않을 시 핵실험을 강행하겠다고 선언했습니다.

"박복한 민족이고, 천추의 한이다."

대통령 퇴임 후 예방한 민주당 의원들에게 했던 말입니다. 미국-북한, 일본-북한 수교 지원을 시작으로, 종래에는 북한의 핵 불능화, 남북불가침선언, 정전협정의 평화협정 전환, 남북철도를 연결하는 것을 최종 목표로 했던 DJ-클린턴 구상이, 조지 워커 부시 대통령의 당선으로 무산되었던 일에 대한 아쉬운 심정을 토로한 것입니다.

---

6) 2003년 6월 특검은 김대중 정부가 3년 전의 남북정상회담을 성사시키기 위해 북측에 1억 달러를 지불했다고 발표했다. 송두환 검사는 현대가 총 5억 달러를 북측에 송금했으며 그중 4억 달러는 합법적인 투자였다고 말했다.

"클린턴 대통령, 햇볕정책은 우리가 독창적으로 만든 게 아닙니다. 미국에서 이미 검증된 정책입니다. 중국이 화해-협력을 하니깐 개방을 하고 나왔습니다. 러시아도 마찬가지입니다. 사회주의 국가는 강공으로 몰아칠수록 꽁꽁 빗장을 닫습니다. 그러나 이렇게 햇볕을 쬐면 국제사회로 나옵니다. (햇볕정책은) 미국이 이미 검증을 한 정책입니다."

〈1998년 6월, 한-미 정상회담 자리에서〉

"미국은 악을 행한 자와는 대화할 수 없다고 하지만, 아이젠하워는 1953년 북한과 전쟁 중에도 대화를 해서 휴전협정을 성립시켜 오늘날까지 한반도에서 50년의 평화를 유지하게 만들었습니다. 닉슨은 중국을 찾아가 모택동을 만났습니다. 그 결과 중국을 개혁, 개방으로 유도해 오늘날 변화를 가져오게 만들었습니다. 레이건은 소련을 악마의 제국이라고 비판했지만, 그 악마와 대화해 소련을 개혁·개방으로 유도하여, 오늘의 민주화를 실현시켰습니다. 대화는 친구를 사귀는 것이 아닙니다. 국가 이익이나 세계평화에 필요하면 악마와도 대화를 해야 합니다. 오늘의 한반도 핵 문제를 해결하기 위한 당사자는 미국과 북한입니다. 그 당사자가 대화하지 않고 어떻게 이 문제가 해결 되겠습니까?"

〈2006년 10월 18일, 세계지식포럼에서〉

IT · 벤처기업 육성

IMF사태로 침체에 빠진 경제에 활력을 불어넣기 위하여 국민의 정부는 정보기술(IT) 관련 벤처기업을 육성하는데 힘을 쏟았습니다. 당시 벤처기업 활성화 대책으로 9천억 원 정도의 지원 자금이 마련되고 새로 창업하는 벤처기업에 3억 원을 지원하는 등의 정책을 발표하였으며, 1998년 '벤처특별법' 4차 개정을 통해 실험실 및 교수창업을 가능하게 하였습니다. 또한 창업 자본을 2천만 원으로 낮춰 창업의 문턱을 내렸습니다. 2000년에는 '벤처촉진지구'를 도입해 지방 벤처기업 육성정책을 펼치며 조세감면을 통한 창업 활성화 마련과 벤처기업의 경영환경 개선을 위한 정책도 마련하였고 9차 개정에서는 스톡옵션제를 확산시켰습니다.

2002년 '벤처 건전화 방안'에선 M&A 활성화 정책을 구축했습니다. 이밖에도 코스닥시장 활성화를 위한 다양한 정책과 시장환경 개선을 위한 다양한 정책도 마련했습니다. 그 결과 1998년 말에는 2천개 회사에 불과했던 IT 관련 기업의 숫자가 2001년 6월에는 1만개를 기록하였고, 벤처기업의 생산 비중은 대한민국 GDP의 3%에 달하기까지 하였습니다.

이러한 정책의 효과로 경제 환란의 여파에도 불구하고 중소기업 성장기여율은 대기업에 비해 계속해서 높았던 점을 들 수 있습니다. 연쇄부도와 최악의 유동성 악화를 보였던 대기업은 강력한 구조조정 추진으로 고용성장 기여율이 마이너스를 보인 반면 중소기업은 고용성장기여율이 큰 폭으로 늘어났습니다.

또한 육성정책이 시행된 국민의 정부 5년 동안, 초고속 인터넷 가입자 수가 1998년 1만 4천 명에서 2002년 1,040만 명으로 급증하고, 정보 산업 분야의 총 생산액도 1998년 76조 원에서 2002년 189조 원으로 증가하여 국내 총생산의 14.9%로 확대되는 등 정보기술 산업 전체를 활성화시켰습니다.

그러나 벤처기업에 대한 지원이 계속되면서 '벤처 대박'신화에 휩쓸린 투자자들이 일확천금을 꿈꾸고 과도한 투자를 하게 되어 후반기에는 다소 거품이 생기게 되기도 했습니다. 이후 윤태식 사건 등 벤처 산업과 관련된 비리가 발생하였고, 2000년 봄 이후 새롬기술 사태로 인해 거품이 붕괴하고 정치가와 벤처기업의 유착이 밝혀지면서 벤처산업은 사양길을 걸었습니다. 이러한 사건들은 벤처기업 우대 정책의 부작용을 보여주었습니다.

■ 취임 2년차(1999년 2월 ~ 2000년 2월)

1999년 2월, DJ는 취임 1주년을 맞이했습니다. 그러나 얼마 뒤, 이른바 '옷로비 사건'으로 위기를 맞게 됩니다. 옷 로비 사건이 최초로 공개된 것은 1999년 5월 24일 외화 밀반출 혐의를 받고 있는 신동아그룹 최순영 회장의 아내 이형자가 김태정 검찰총장의 아내 연정희에게 고급 옷을 선물했다는 기사가 나오면서 촉발되었습니다.

결국 그 사실을 언론에 밝힌 인물이 이형자라는 사실이 알려지고, 이형자는 이 경위서에서 당시 검찰총장 부인 등이 고가의 옷을 사면서 자신에게 옷값을 대신 지불하도록 압력을 가했으나 이를 거부했다고 폭로했습니다. 언론 보도가 있은 사흘 후인 1999년 5월 28일 연정희가 이형자를 명예훼손 혐의로 서울지검에 고소하였습니다. 결국 1999년 6월 2일 검찰은 수사를 발표하게 되었습니다.

2000년 2월 9일 용산 미8군 기지 영안실에서 군무원(맥팔랜드)이 독성을 가진 발암물질인 포름알데히드를 무단으로 한강에 방류하는 사건이 일어났습니다. 한강에 유독물질을 무단 방류하도록 지시했다는 사실 외에도, 미군 군무원이 대한민국의 사법기관을 무시하는 듯한 행위를 하면서 많은 사람들의 관심을 끌었습니다. 특히 사건의 당사자가 소파 협정을 핑계로 재판에 응하지 않으려 하면서 미군 장갑차 여중생 압사 사건과 함께 대한민국의 반미감정을 증폭시켰으며, 결국 맥팔랜드에 대한 실질적인 처벌이 이루어지지 못하면서 소파 협정의 불평등성에 대한 논의가 형성되었습니다.

■ 취임 3년차(2000년 2월 ~ 2001년 2월)

6 · 15 남북 공동선언

2000년 6월 15일, 평양에서 대한민국의 DJ 대통령과 조선민주주의인민공화국의 김정일 국방위원장이 정상회담을 통해서 공동선언을 발표한 역사적인 순간을 맞이하게 됩니다.

공항 환영식에서 두 손을 꼭 잡은 김대중 대통령과 김정일 위원장
2000.06.13

남북 공동선언문

1. 남과 북은 나라의 통일문제를 그 주인인 우리 민족끼리 서로 힘을 합쳐 자주적으로 해결해 나가기로 하였다.
2. 남과 북은 나라의 통일을 위한 남측의 연합제안과 북측의 낮은 단계의 연방제안이 서로 공통성이 있다고 인정하고 앞으로 이 방향에서 통일을 지향시켜 나가기로 하였다.
3. 남과 북은 올해 8·15에 즈음하여 흩어진 가족, 친척방문단을 교환하며 비전향장기수 문제를 해결하는 등 인도적 문제를 조속히 풀어나가기로 하였다.
4. 남과 북은 경제협력을 통하여 민족경제를 균형적으로 발전시키고 사회·문화·체육·보건·환경 등 제반 분야의 협력과 교류를 활성화하여 서로의 신뢰를 다져 나가기로 하였다.
5. 남과 북은 이상과 같은 합의사항을 조속히 실천에 옮기기 위하여 이른 시일 안에 당국 사이의 대화를 개최하기로 하였다.

DJ 대통령은 김정일 국방위원장이 서울을 방문하도록 정중히 초청하였으며 김 정일 국방위원장은 앞으로 적절한 시기에 서울을 방문하기로 하였습니다.

합의서 서명식 2000.06.14

노벨평화상 시상식에서 메달을 수여받은 모습
2000.12.10

CNN 인터뷰 2000.12.10

■ 취임 4년차(2001년 2월 ~ 2002년 2월)

국가인권위원회 설치

2001년, 햇볕정책과 함께 DJ가 가장 심혈을 기울인 것은 역시 인권 정책이었습니다. 그래서 대한민국 최초로 국가인권위원회법을 공포하였습니다. 그야말로 선진국으로 가는 디딤돌을 그가 놓은 것이지요.

- 국가인권위원회법 : 국가인권위원회의 설립근거법으로 위원회 구성과 운영, 업무와 권한, 인권침해 및 차별행위의 조사와 구제 등을 규정하고 있다.
- 장애인 차별 금지 및 권리구제 등에 관한 법률 : 2008년 4월 13일 시행된 법률. 장애인차별을 금지하는 법률로 장애 차별을 받은 당사자나 제3자가 국가인권위원회에 진정할 수 있고, 국가인권위원회가 장애 차별로 결정하면 시정 권고를 한다. 이 권고를 이행하지 않을 경우 법무부가 시정명령을 할 수 있고 시정명령 불이행 시 3천만원 이하의 과태료를 부과할 수도 있다.

- 고용상 연령차별금지 및 고령자 고용촉진에 관한 법률 : 2010년 3월 21일 시행된 법률로 연령을 이유로 한 고용차별을 금지하는 법률. 당사자나 제3자가 국가인권위원회에 진정할 수 있고, 국가인권위원회가 연령차별이라고 결정하면 시정 권고를 한다. 권고 불이행 시 노동부가 시정명령을 할 수 있고, 시정명령 불이행 시 3천만원 이하의 과태료, 모집 채용 위반 사업주는 500만원 이하의 벌금을 부과한다.

많은 사람들이 별로 주목하지 않았지만 바로 이 정책이야말로 DJ의 진면목을 보여주는 대목이라 할 수 있습니다. 어떤 거창한 구호보다 그는 가난하고 소외된 이들의 인권을 위해 평생을 전력 질주했으니까요.

넬슨 만델라 남아프리카공화국 前대통령 접견 2001.03.12

■ 취임 5년차(2002년 2월 ~ 2003년 2월)

2002년 한일월드컵

2002월드컵 축구대회 조직위원회를 방문한 김대중 대통령 2001.05.28

 2002년, 대한민국과 일본 양국이 제17회 FIFA 월드컵을 개최했습니다. 역사상 처음으로 공동 개최한 것이기도 하지요. '새 천년, 새 만남, 새 출발' 슬로건을 통해 대한민국과 일본에서 각각 10곳, 총 20개의 도시에서 31일간 64경기를 치렀습니다.

 경제력에서 앞서고 오랜 준비를 해온 일본의 단독 개최가 타당해 보였지만 일본은 월드컵 본선 진출 경험이 없었다는 것이 약점으로 작용했을 가능성이 큽니다. 일본은 2002년 월드컵 공동개최가 결정된 후 1998년 월드컵 본선 진출에 성공했습니다. 또한 대한민국은 FIFA 부회장 정몽준을 앞세워 적극적인 로비와 범국가적 유치전에 나서면서 상대적으로 축구계 중심의 일본에 비해 유치전의 무게감에서 앞섰다고 볼 수 있습니다.

제2연평해전

당시 DJ는 북한 경비정의 북방한계선 침범 및 도발 사태에도 불구, 예정대로 일본을 방문했습니다. 이날 교전 사태가 발생한 직후 임성준 외교안보수석으로부터 사태발생 사실을 보고받고 NSC 소집과 함께 대응책을 마련했습니다. 또 이날 저녁 국무위원들과 함께 청와대 본관에서 월드컵 3~4위전 경기를 시청하려던 계획도 취소했습니다. 이어 정부는 6월 30일 서해 도발 과정에서 전사 또는 실종된 해군 장병 5명에게 일계급 특진과 함께 훈장을 추서했습니다.

2002년 6월 30일 국군수도병원 합동분향소에는 이한동 국무총리를 비롯한 국무위원과 국회의원, 군 장병 등이 헌화와 방문을 했습니다. 이 총리 등 국무위원 일행 21명은 이날 합동분향소를 방문, 묵념하고 故 윤영하 소령에게 충무무공훈장, 故 조천형 중사 등 사망 및 실종 병사 4명에게 화랑무공훈장을 각각 추서했습니다. 이 총리는 이어 병실을 찾아 부상 장병 19명과 일일이 악수하며 "훌륭하게 싸웠소. 용감했소."라고 짤막한 격려의 말을 건넸습니다. 2002년 7월 2일 일본에서 귀국한 DJ는 국군수도병원을 방문, 서해교전에서 부상당한 장병들을 위로했습니다. 7월 23일 DJ는 서해교전에서 전사하거나 실종된 장병 5명의 가족 12명을 청와대로 초청한 자리에서 "북한의 불법적이고 무도한 도발 행위로 인해 돌아가신 분들의 죽음이 헛되지 않도록 하겠습니다."라고 말했습니다.

일부 보수단체로부터 연평해전 순국장병들에 대한 정부의 보상금은 약 3천만 원에서 5천 6백만 원으로 보상이 제대로 이루어지지 않았다는 비난을 받기도 했지만, 박정희 정권 당시 헌법에 삽입된 이중배상을 금지하는 제29조 2항으로 인해 일정 액수 이상의 보상이 불가능했습니다. DJ 정부는 2차연평해전에서 희생된 순국 장병과 실종자의 유가족들에게 국민성금 24억 원을 통해 우회적으로 추가 보상했고, 2002년 연금법 개정 법안을 발의했습니다. 이 법안은 2004년에 통과됩니다.

퇴임

2002년 대통령 선거에서 노무현이 당선되었습니다. 2003년 2월 24일, DJ 는 대한민국 제15대 대통령 임기를 마치고 퇴임합니다.

DJ
지다

경제 고비마다 직접 뛴 DJ

DJ 지다

텔레비전 앞에서

전 세계가 큰 지도자를 잃었다

내 고향, 덕산마을

문학밖에 없었습니다

무등의 동화 하나

경제 고비마다 직접 뛴 DJ

　DJ는 자신이 여성주의자라고 하였습니다. DJ 스스로 여성주의자를 자처하면서 자신의 동교동 자택의 문패에 '김대중, 이희호'라고 부부의 이름을 나란히 써 놓은 것을 자랑삼아 이야기하곤 했습니다. 유림의 반대를 무릅쓰고 가족법을 개정했으며, 대통령에 당선된 후 여성부를 신설했고, 여성주의자 운동가 출신의 한명숙을 초대 장관으로 임명했습니다.

　노무현 대통령은 1994년 발간된 그의 자서전에서 DJ에 대해 정치지도자가 갖춰야 할 '권력 장악 능력', '살림살이 솜씨', '역사의식'을 두루 갖춘 사람이라고 평가했습니다. 또 DJ는 끊임없이 배우고, 노력하고, 발전을 거듭하며, 정말로 삶을 열심히 살아가는 사람, 김구 선생님과 필적할만한 지도자라며 존경의 뜻을 나타내기도 했습니다.

　노태우 역시 자서전에서 "수없이 많은 난관을 겪어오면서 얻은 경험이 몸에 배어 있었고 관찰력이 예리한 대단한 사람이었다."라고 평가했습니다.

　이명박 대통령도 월스트리트 저널에 실은 특별기고문을 통해 DJ 정부의 업적을 극찬했습니다. 이 대통령은 기고문에서 지난 97년 한국이 IMF 위기를 슬기롭게 극복한 경험담을 자세히 국제사회에 소개했고, 중앙일보는 '경제 고비마다 직접 뛴 DJ'라는 제목으로 10년 전 외환위기를 맞아 당선 사흘 만에 데이비드 립튼 미국 재무부차관을 만나 정리해고가 포함된 IMF 협약 플러스 개혁 추진을 약속하는 면접시험을 통해 미국의 지원을 이끌어 낸 점이 외환위기 극복의 전기가 된 것으로 분석했습니다.

흡수통일을 파기하고 햇볕정책이라는 이름의 대북포용정책을 견지하여, 분단이 고착화되고 군사적 대치 관계에 있던 기존 남북관계의 새로운 지평을 열었으며, 이를 토대로 2000년 한국인 최초로 노벨평화상을 수상해 한국의 위상을 높였습니다. APEC이나 ASEM처럼 세계 강대국들이 모두 참석하는 국제회의에서도 DJ는 거의 언제나 첫 번째 발언권을 부여받았고, 참모들의 만류에도 불구하고 DJ의 공식일정은 전임 대통령들의 두 배가 넘었습니다.

또한, 역대 정권 중에서 DJ 정권 때 우리나라의 경상수지 흑자가 가장 많이 늘어난 것으로 나타났습니다. DJ 정권은 경상흑자에 따른 외화 유입 증가로 외환보유액도 많이 늘어나 이로 인해 세계 4대 외환보유국이 되었습니다. DJ 정권부터 차곡차곡 쌓이기 시작한 외환보유액은 몇 년 전 세계를 휩쓴 금융위기에서 큰 버팀목이 됐습니다. 한국 경제에 대한 각종 위기설이 불거질 때마다 막대한 외환보유액은 루머를 일축할 수 있는 근거가 됐습니다. 삼성경제연구소 황인성 수석연구원은 "당시에 외환보유액을 확보하지 못했다면 금융위기 때 다시 IMF에 구제금융을 신청하는 최악의 국면에 처했을지도 모른다."라고 말했습니다.

물론 DJ의 경제적 성과를 꼽으라면 단연 '국가 부도' 직전까지 몰렸던 외환위기를 조기 극복했다는 점으로 평가됩니다. 그는 정보기술 산업을 새로운 성장

동력으로 육성, 역대 정권 중 가장 큰 규모의 국제수지 흑자를 기록함으로써 IMF에서 빌린 차입금 195억 달러를 3년 8개월 만에 말끔히 갚을 수 있었던 것이죠. 기업과 은행이 줄도산하고 순식간에 150만 명이 일자리를 잃는 '재앙'이 덮쳤는데도 사회적인 파장을 최소화하면서 조기에 수습한 것은 김 전 대통령 특유의 '설득의 리더십' 덕분이었다고 평가되고 있습니다. 이 밖에 기업 재무구조, 고용 유연성, 공공부문 개혁 등 우리 경제의 구조를 개선한 점도 김 전 대통령이 거둔 큰 성과로 꼽혔습니다.

또한 문화산업 발전에 많은 관심을 보였던 DJ. 국내 연예인뿐만 아니라 해외 스타들도 만나 대중문화의 발전에 관한 많은 이야기를 나누었습니다. 특히 서태지의 음악성을 비롯해 그가 청소년들에게 끼치는 영향력을 높이 평가하며 공개석상에서도 '역사에 길이 남을 가수'라는 극찬을 아끼지 않았습니다.

가수 서태지 접견, 환담을 나누는 장면 2004.02.10

DJ 정부 당시 문화예산 비중이 역대 정권 중 가장 높았고, 그 예산을 통해 DJ 정부시기를 지나면서 문화산업의 각 분야는 크게 발전했습니다. 그리고 문화산업 진흥기본법은 지난 10년간 한국의 문화산업이 발전하고 한류라는 이름으로 세계로 뻗어 나가는데 중요한 밑바탕이 되었습니다. 특히 재임 당시 일본 영화와 음악 등 대중문화 개방을 단행해 한일관계 개선에도 크게 기여했습니다.

"물러난 대통령은 모두 부정적인 평가만 받아왔지만, 공적은 평가해야 한다. 지지여부를 막론하고 그가 6·25 폐허 속에서 근대화를 이루고 우리도 하면 된다는 자신감을 불러일으킨 공은 인정해야 한다."

이승만, 박정희 전직 대통령의 추모의 뜻을 묻는 기자들의 질문에 답하며 대화합을 강조 1992.12.13

1999년 5월, 1박 2일 일정으로 대구·경북을 방문해 지역 원로, 박정희 전 대통령 기념사업회 관계자들과 만찬을 하는 자리에서 기념사업에 대해 정부 차원의 지원 의사를 밝혔습니다. 이는 DJ가 무엇보다 자신을 핍박하고 민주화를 거부해 그야말로 타도해야 할 독재자로 설정했던 박정희에 대한 용서를 말한 것입니다.

그의 발언에는 지역색 타파를 위한 지난한 몸부림이 있습니다. 대구·경북, 나아가 영남의 첫 상징적 인물인 박정희를 끌어안음으로써 이 나라의 가장 더러운 악폐를 청소하려는 강한 의지였습니다.

DJ 지다

KBS 스페셜 '김대중, 고르바초프 특별대담 : 한반도 평화의 조건' 2006.06.18

"퇴임 뒤 국내 정치문제에는 일체 개입하지 않겠다."

퇴임 직후인 2003년에는 동교동 사저 옆에 DJ 도서관을 개관했습니다. DJ 도서관에는 DJ의 생전 유품과 저서 등을 비롯한 많은 관련 자료들이 보관, 전시되어 있습니다. 2004년 1월 29일 전두환의 DJ 내란음모 조작 사건 재심에서 무죄를 선고받았을 당시 박근혜 한나라당 대표가 DJ에게 박정희 시절의 정치탄압에 대한 사과의 뜻을 전했습니다.

"마음속 응어리가 풀어지는 것 같았다."

언제나 용서할 준비가 되어 있는 사람,
그는 바로 DJ.

"국민들의 뜻에 부응하지 못했다."
"386 정치인들이 정치를 계속하고
싶으면 가방을 메고 대중 속으로 뛰어
들어가 국민에게 잘못한 것은 사과하
고 직접 설득하고 이해시켜야 한다."

전시실을 관람하는 김대중 전 대통령 부부와 참석자들
2006.11.02

'민주당 분당사태(2003)', '대북송금 특검(2003)', '안기부 X파일 사건
(2005)'에 대해 사과해야 한다면서 동시에 386세대 정치인들에게 쓴소리를
했던 DJ. 지금 봐도 너무도 정확한 말이지요.

정의가 강물처럼 흐르고 자유가 들꽃처럼 만발하며 통일의 희망이 무지개같이 떠오르
는 나라를 만들고 싶다.

우리는 우리 시대에 노무현 대통령과 같은 인간적으로나 정치적으로나 훌륭한 지도자
를 가졌던 것을 영원히 기억해야겠습니다. 그리고 그분이 바라던 사람답게 사는 세상,
남북이 화해하고 평화적으로 사는 세상을 위해 우리가 계속 유지를 계승하여 반드시 성
취하도록 노력해야 할 것입니다.

만일 우리가 그렇게 노력하면 노무현은 사망해도 사망한 것이 아니고, 우리가 아무리 5
백만이 나와서 조문했다고 해도 노무현의 그 한과 억울함을 푸는 노력을 하지 않으면,
노무현의 주검은 하나의 주검에 그치게 됩니다. 우리 모두 우리의 '위대한 지도자', '영
웅', '쾌남아' 노무현 대통령을 역사에 영원히 살리도록 노력합시다.

〈노무현 대통령 장례식 추도사〉

노무현 대통령과 담소를 나누는 김대중 전 대통령 2005.06.13

6 · 15와 9 · 19로 돌아가라.

민주당과 야당, 시민세력은 단결하고 연합하라.

이명박 정부는 불행한 길을 걷지 말라.

행동하는 양심이 되라.

6.15 공동선언 9주년 기념행사 2009.06.11

DJ는 2009년 7월 13일, 흡인성 폐렴 증세로 세브란스병원에 입원했습니다. 전직 대통령인 YS, 이명박, 전두환과 박근혜, 박희태 전 한나라당 대표, 자유선진당 이회창 총재, 민주당 정세균 대표, 창조한국당 문국현 대표, 반기문 UN 사무총장 등 각계의 인사들이 문병을 왔으며, 쾌유기원 촛불 집회가 열리기도 했습니다. 입원 초기엔 병세가 호전되기도 했으나 점차 악화되어 결국 2009년 8월 18일 오후 1시 43분, 한 달에 걸친 투병 끝에 다발성 장기부전으로 향년 86세의 나이에 서거하셨습니다. 그는 사망 전까지 네 가지 고민을 했던 것으로 뒤늦게 알려졌습니다.

님 오신 목포항

구름 속에 묻혔더냐 안개 속에 쌓였더냐
님 오시는 목포항에 갈매기도 노래하네
인동초 한 세월에 서리서리 맺은 사연
님이시여 모두 잊고 세월 속에 묻어주오
님을 향한 일편단심 세월 간들 변하리오

구름 속에 묻혔더냐 안개 속에 쌓였더냐
님 오시는 목포항에 파도들도 춤을 추네
인동초 한 세월에 마디마디 아픈 사연
님이시여 님이시여 인정 속에 묻어주오
님을 위한 일편단심 세월 간들 잊으리오

그 날 저는 밤늦은 종로 5가 선술집에서 나와 남진이 부른 이 노래를 불렀습니다. DJ가 좋아했다는 노래. 그 노래를 흥얼거렸습니다. 저도 모르게 눈물이 흘렀습니다. 그에게 빚지지 않은 한국인이 있을까요? 한없이 존경했지만, 생전에 단 한 번 만난 적도 없는 그. 그런데도 눈물이 빗줄기가 되었습니다. 저는 처음 서울에 올라와 울던 그때처럼 울었습니다. 비록 보자기를 들지도 않고, 어느새 훌쩍 나이를 먹었지만 마음은 그때와 같았습니다. 갈 곳이 없었습니다. 큼지막한 DJ의 얼굴이 떠올랐습니다. 부드러운 사투리, 이제 그의 목소리를 어디서 들을 수 있을까? 그때까지 DJ는 제 삶의 등불이었습니다. 크게 실망한 적도 많았지만 결코 밉지 않았던 정치인. 저는 혜화동 기독교 회관으로 가는 길목까지 비틀거리며 처음 청계천 헌책방에서 만났던 시 하나를 떠올렸습니다.

종로 5가
신동엽

이슬비 오는 날,
종로 5가 서시오판 옆에서
낯선 소년이 나를 붙들고 동대문을 물었다

밤 열한 시 반,
통금에 쫓기는 군상(群像) 속에서 죄 없이
크고 맑기만 한 그 소년의 눈동자와
내 도시락 보자기가 비에 젖고 있었다

국민학교를 갓 나왔을까
새로 사 신은 운동환 벗어 품고
그 소년의 등허리선 먼 길 떠나온 고구마가
흙 묻은 얼굴들을 맞부비며 저희끼리 비에 젖고 있었다

충청북도 보은 속리산, 아니면
전라남도 해남땅 어촌(漁村) 말씨였을까
나는 가로수 하나를 걷다 되돌아섰다
그러나 노동자의 홍수 속에 묻혀 그 소년은 보이지 않았다

그렇지

눈녹이 바람이 부는 질척질척한 겨울날,
종묘(宗廟) 담을 끼고 돌다가 나는 보았어
그의 누나였을까
부은 한쪽 눈의 창녀(娼女)가 양지쪽 기대 앉아
속내의 바람으로, 때 묻은 긴 편지를 읽고 있었지

그리고 언젠가 보았어
세종로 고층건물 공사장,
자갈지게 등짐하던 노동자 하나이
허리를 다쳐 쓰러져 있었지
그 소년의 아버지였을까
반도(半島)의 하늘 높이서 태양이 쏟아지고,
싸늘한 땀방울 뿜어낸 이마엔 세 줄기 강물
대륙의 섬나라의
그리고 또 오늘 저 새로운 은행국(銀行國)의
물결이 뒹굴고 있었다

남은 것은 없었다
나날이 허물어져 가는 그나마 토방 한 칸
봄이면 쑥, 여름이면 나무뿌리, 가을이면 타작마당을 휩쓰는 빈 바람
변한 것은 없었다
이조(李朝) 오백 년은 끝나지 않았다

옛날 같으면 북간도(北間島)라도 갔지
기껏해야 버스길 삼백 리 서울로 왔지
고층건물 침대 속 누워 비료광고만 뿌리는 거머리 마을,
또 무슨 넉살 꾸미기 위해 짓는지도 모를 빌딩 공사장,
도시락 차고 왔지

이슬비 오는 날,
낯선 소년이 나를 붙들고 동대문을 물었다

그 소년의 죄 없이 크고 맑기만 한 눈동자엔 밤이 내리고
노동으로 지친 나의 가슴에선 도시락 보자기가
비에 젖고 있었다

텔레비전 앞에서

그 날 모든 텔레비전은 그의 간략한 사진들과 약간의 행장을 단 프로필이 소개되고 있었습니다. 하나하나의 장면들…. 저는 못 마시는 술을 마신 탓에 흐릿한 눈으로 그 파노라마를 지켜보며 그의 마음을 상상해 보았습니다.

1981년, 청주교도소에서 쇠창살을 사이에 두고 아내와 두 아들을 면회하는 그의 등은 한껏 굽어 있었습니다. 또 다른 사진은 삭발을 당하고 감옥에서 책을 읽고 있는 모습. 또 1973년 박정희 군사정권의 중앙정보부에 의해 동경에서 납치돼 죽음의 문턱까지 갔다가 생환한 직후 기자회견을 하는 상처투성이의 얼굴. 그 눈빛은 생사를 헤매는 듯 허공을 맴돌고 있었습니다. 그곳이 저승인지 이승인지 가물거렸던 것일까요.

1981년.
그는 오로지 쓰고 읽었습니다. 반쪽으로 동강 난 동족 간의 불화가 그를 그렇게 만들었지요. 그렇지만 두고 온 고향, 가족들에게 한 자 소식도 전하지 못했습니다. 대신 만신창이가 된 이 땅에 대한 안타까움으로 그의 가슴은 멍울이 지고 있었습니다. 망가진 조국, 불타는 산하. 그것이 그를 그렇게 만들었습니다. 그는 청주교도소 쇠창살에 들어오기 전부터 가슴속에 품어 간직했던 글귀들을 쓰고 다시 썼습니다. 당시의 모든 정황상 아마도 그는 틀림없이 이렇게 썼겠지요.

"저는 스스로 뜻을 세우고 떠나서 오직 이 나라 통일만을 생각했습니다. 돌이켜보니 바람 같은 세월은 어느새 삼십 년이 지났고, 험난한 길은 만 리나 떨어졌습니다. 엎드려 바라건대 우리 국민들께서는 애타는 마음 거두시고 본래 빈 마음으로 돌아가시어 이별의 정을 그만 놓고 문을 잡고 기다리지 마소서.

세속의 일은 인연을 따라 오는 법이나 저에게는 그것도 번거로운 일입니다. 우리 국민들은 부지런하고 효성스러워 얼음 속에서 고기를 구할 만하고, 내 고향 분들은 착해서 찬 겨울에도 죽순을 얻을 사람들입니다.

저는 이런 우리 국민들에게 세상의 효도를 행하고 천심을 합하며, 이 쇠창살 안에서 정진하여 우리 국민의 은혜를 갚고자 합니다. 가로놓인 천산만수처럼 길이 다릅니다만 몇 줄 짧은 편지에 마음을 담아 보냅니다.

명예도 버리고 부귀도 버리고 좋은 세상을 만났으니 세상에 사는 것을 원치 않습니다. 사랑이 다하면 거센 불 사라지고, 은정(恩情)이 끊어지면 잠이 들 것입니다. 이 몸을 이 나라에 바치어 오직 지혜의 힘으로 저를 기다리는 국민들의 사랑 갚고자 하오니 부디 저를 없는 듯이 여기옵소서. 저로 하여 고통 받는 분들이 있을까 두렵기 때문입니다."

그는 언 손을 부벼가며 한 땀 한 땀 쓰고 있었습니다. 그리고는 떠날 때 그의 손을 잡고 놓지 못하던 아내와 아이들을 머릿속에 그렸습니다. 그는 아내의 마지막 말을 기억하고 있었습니다. 몸이 아파 드러눕고 싶을 때면 떠올리는 말이었습니다.

부디 일어나셔야 합니다.
하루만 더 있다 갔으면….

꿈에 하늘에서 내려온 저승사자가 긴 삿갓을 쓰고 키보다 더 높은 지팡이를 짚고 자신의 아내와 아이들 손을 잡고 나가는 꿈을 수십 번이나 꾸었지요. 하루만 더 있다 갔으면 하는 아내의 간절한 목소리가 귓전을 울렸습니다. 아무리 부인해도 지워지지 않는 목소리였습니다. 그는 그런 아내의 마음을 알고 있었습니다. 죽어도 그를 놓고 싶지 않은 아내의 심정을 알고 있었습니다. 자신으로 인하여 얼마나 노심초사 하였으면…. 지금 그녀도 나와 같은 꿈을 꾸었을까? 마지막 그의 손을 잡고 눈물 흘리던 아내의 얼굴을 잊을 수가 없었습니다.

그는 볼펜 한 자루를 붓처럼 잡아 쥐고는 오로지 그 자신만을 찾는데 전력하였습니다. 자신에게 붙어있는 온갖 오물을 깨끗하게 씻어내고 싶었습니다. 수많은 국민들의 바람, 그리고 자신의 동지들이 그에게 원하던 바람, 그것을 기필코 성취하고 싶었습니다.

그는 밤이면 그만이 볼 수 있는 고향 하의도의 아주까리 호롱을 켜놓고 앉아 있었습니다. 기도를 했던 것입니다. 그리고 다시 붓을 잡았습니다. 10여 년 전부터 마음이 혼란할 때면 하던 습관이었습니다.

"진정한 정치가 할 일은 억압받는 자와 가난한 자의 권리와 생활을 보장하고 그들을 정치의 주체로 참여케 하는 것이다. 그러나 이러한 과정에서 억압하던 자와 빼앗던 자들도 그들의 죄로부터 해방시켜서 대열에 참여케 해야 한다. 그 점에서 정치는 예술이 된다."

그의 예술 활동은 성공적이었을까요? 저는 장담하지 못하겠습니다. 일제 잔재를 청산하지 못하고 군부독재 정권하에서 인권을 억압하며 민주주의를 말살하는 데 복무한 이들의 진심 어린 반성이나 사과도 받아내지 않고 그들을 용서한 것이 과연 진정한 화해였을까요? 그도 그것을 모르지는 않았을 것입니다. 그래서 그는 이렇게 말했는지도 모르겠습니다.

1982년 12월 전두환 군사정권에서 사형을 선고받았다가 풀려나 미국 망명길에 앞서 썼던 그의 글은 마치 상여소리처럼 처연했습니다.

이제 가면 언제 올까
기약 없는 길이지만
반드시 돌아오리
새벽처럼 돌아오리
돌아와 종을 치리
자유종을 치리라

전 세계가 큰 지도자를 잃었다

"서거한 김 전 대통령의 영혼을 하느님의 자비와 사랑에 맡기시며 김 전 대통령의 서거를 애도하는 모든 대한민국 국민에게 평화와 힘을 주시도록 하느님의 축복을 진심으로 간구한다."

교황 베네딕토 16세

"김 전 대통령은 용감하고 강력한 이상을 가진 지도자였다. 한국이 심각한 경제위기를 넘어설 수 있도록 하였으며, 한반도 평화를 위한 길을 닦고 국제적으로 인권을 보호하는데 앞장섰다. 그가 대통령이 된 후 나는 남북한의 화해를 위해 그와 함께 일하는 영광을 누렸다. 햇볕정책이 한국전쟁 이후 어느 때보다도 영속적인 평화에 대한 희망을 제공했다. 부인과 나는 우리의 좋은 친구였던 김 전 대통령을 그리워할 것이다."

빌 클린턴 전 미국 대통령

"용기 있는 민주화와 인권 투사인 김 전 대통령의 서거로 슬픔에 빠졌다. 김 전 대통령은 한국의 역동적인 민주화에 중요한 역할을 한 정치운동을 일으키고 이끌어 오는데 목숨을 바쳤다. 그의 조국에 대한 헌신과 한반도 평화를 위한 지칠 줄 모르는 노력, 자유를 위한 개인적인 희생은 고무적이며 결코 잊히지 않을 것이다."

버락 오바마 미국 대통령

"김 전 대통령의 서거를 한국 국민들과 함께 애도한다. 유가족과 한국 국민에게 조의를 전한다. 김 전 대통령은 한국 국민의 민주주의 열망에 영감을 일으킨 지도자이자 상징이었다. 한반도 평화에 대한 기여로 2000년에 노벨평화상을 수상하기도 했다."

미국 국무부

"DJ는 진정 역사적인 인물이었다. 오늘 한국은 거인을 잃었고, 나는 절친했던 벗을 잃었다."

워싱턴 싱크탱크인 헤리티지 재단의 대표 에드윈 퓰너

"김 전 대통령은 무엇보다도 한국 민주주의의 얼굴로 기억될 것이며, 비단 노벨평화상을 수상했다는 사실 뿐만 아니라 한국 역사의 물줄기를 바꾼 통찰력을 지녔다는 점에서 그의 비범한 삶 전체가 기억될 것이다."

잭 프리처드 한미경제연구소 소장

"평생을 민주화와 한국의 발전 그리고 한반도 문제의 해결을 위해 헌신해온 분이며, 노벨평화상을 충분히 받을 자격이 있는 분이었다. 김 전 대통령은 삶 자체가 민주주의와 인권향상을 위해 헌신한 삶이었으며, 특히 수십 년간 권위주의 정권에 맞서 싸우며 투옥도 당하는 등 민주화 투쟁의 상징이었고, 영웅이었다."

제임스 레이니 전 주한 미국대사

"김 전 대통령의 1998년 런던 방문과 그다음 해 이뤄진 저의 공식 방한 당시의 행복한 기억이 떠오른다. 그는 세계 민주주의 역사에 큰 획을 그은 중요한 분이고, 한반도 평화정착을 위한 노력으로 노벨평화상을 수상해 정말 기뻤다."

엘리자베스 2세 영국 여왕

"김 전 대통령의 서거 소식에 비통한 마음 금할 길이 없다. 그는 격동의 시기에 민주주의 수호를 위해, 아시아 금융위기 시에는 한국의 빠른 경제 회복을 위해 국내외적으로 평생을 헌신하신 분이다."

고든 브라운 영국 총리

"김 전 대통령과 일본 정계 지도자들이 합심해 2002년 월드컵 한일 공동개최를 포함해 21세기를 향한 새로운 한일 협력 관계 구축을 위해 지대한 공헌을 했다."

아소다로 일본 총리

"그는 특히 남북통일에 대한 염원을 바탕으로 대통령에 당선된 이후에는 역사에 길이 남을 남북정상회담을 성사시켰고, 이를 계기로 노벨평화상을 받는 등 아시아를 대표하는 지도자로서 손색이 없을 만큼 훌륭한 업적을 남겼을 뿐 아니라 한일 양국의 외교관계 개선에도 큰 기여를 했다."

나카소네 야스히로 전 일본

"한일관계를 비약적으로 진전시킨 대통령이며 한일 파트너십을 선언하고 문화교류를 진전시켰다."

가와무라 다케오 관방장관

"중국 정부와 국민은 그가 한·중 관계 개선을 위해 쏟았던 노력을 잊지 않을 것이다."

후진타오 중국 국가주석

"DJ 선생님은 나의 오랜 벗으로 중한관계 발전을 위한 그분의 공헌을 잊지 못할 것이다."

장쩌민 전 중국 국가주석

"김 전 대통령은 한국의 국경을 넘어 국제적으로 존경받는 정치인이자 민주주의자였다. 한국의 민주화와 인권, 그리고 동북아의 평화와 안전을 위한 김 전 대통령의 정치적 업적은 잊히지 않을 것이다. 독일과의 오랜 인연으로 독일인들의 마음에 깊이 새겨져 있는 김 전 대통령의 서거로 독일연방공화국은 좋은 친구를 잃었다."

메르켈 독일 총리

"나의 오랜 친구인 DJ 전 대통령과 쓰라린 아픔으로 작별하게 됐다. 김 전 대통령은 불굴의 용기, 자유 민주주의를 위한 사랑, 그리고 무엇보다 한민족 전체의 평화를 위한 탁월한 기여를 통해 우리 모두에게 모범이 됐다."

김 전 대통령의 40년 지기인 리하르트 폰 바이츠체커 전 독일 대통령

"김 전 대통령은 민주주의와 자유를 위해 평생을 바쳐 지칠 줄 모르고 투쟁한 용기 있는 정치인이었다. 또한 인권과 평화를 위해서도 헌신한 고인의 명복을 빈다. 김 전 대통령은 한국에서뿐만 아니라 이 같은 중요한 가치를 수호하기 위해 헌신하고 있는 전 세계의 모든 사람들로부터 존경받는 지도자였다."

프랑스 정부

"김 전 대통령은 한국의 인권과 민주주의 형성, 한반도의 평화조성에 큰 기여를 했다. 그의 정치적 행보는 평화, 민주주의, 자유, 인권을 바탕으로 한 것으로, 그랬기에 그는 대통령에 당선된 것이다. 특히 오래전부터 김 전 대통령을 알아왔고 그의 용기와 선견지명을 매우 높게 사 왔다. 그는 대통령 임기 말

건강에 문제를 겪으면서도 한반도를 재결합시키면서 남북문제 해결책을 계속해서 찾았다. 또한 그는 노벨평화상 수상자 포럼 공동 업무에도 많은 힘을 쏟았다."

미하일 고르바초프 전 소련 대통령

"우리는 그가 인권을 위해 싸우고 북한과의 화해를 위해 얼마나 노력했는지를 기억한다. 만델라 전 대통령은 지난 2001년 3월 김 전 대통령과 만난 적이 있으며, 당시 김 전 대통령은 한반도의 비무장지대를 평화공원으로 전환하자는 만델라의 아이디어에 공감을 표시했다."

만델라 재단

"한국이 아니라 전 세계가 큰 지도자를 잃었다."

국장기간 중 각국 지도자들과 42개국이 조전을 보내고 조선민주주의 인민공화국의 김기남 조선노동당 비서를 단장으로 한 특사 조의조문단을 비롯 미국, 중국, 일본 등 11개국이 영결식에 고위급 조문단을 파견했습니다. 세계 언론들도 서거와 국장 소식을 비중 있게 다뤘습니다.

놀랍게도 2009년 11월 13일, 김 전 대통령의 추모행사가 일본 도쿄 아사히신문사에서 열렸습니다. 김 전 대통령의 민주화운동시절과 대통령 재임 시 인연을 맺은 일본 정계, 학계, 종교계 인사와 교포 등 200여 명이 발기인으로 참여한 'DJ 대통령을 추모하는 모임'을 주관했으며, 한·일 양국의 정관계, 학계, 종교계 인사 400여 명이 참석한 이날 행사는 김 전 대통령 추모영상 상영과 추도사, 성경 낭독과 기도, 헌화 순으로 3시간 동안 진행됐습니다. 일본 측에서는 고노 요헤이 전 중의원 의장과 센고쿠 요시토 행정쇄신상이 인사말을 하고, 하루키 도쿄대학 교수와 이토 나리히코 주오대학 교수가 추모사를 했습니다.

2009년 10월 5일에는 그의 비석이 세워졌는데 충남 보령의 오석(烏石)으로 제작된 묘비에는 전면과 측, 뒷면에 각각 '제15대 대통령 김대중의 묘'란 문구와 고인의 주요 공적, 경력, 가족 사항 등이 기록돼 있습니다.

내 고향, 덕산마을

　제 고향은 화순 도곡면 덕산마을입니다. 무등산 옆이지요. 당연히 운주사와 무등산, 그리고 적벽을 보고 자랐습니다. 그렇게 되고 싶었습니다. 운주사의 부처님처럼, 무등산의 품 넓은 어머니처럼. 그러나 가난이 저를 갈라놓았습니다. 제 고향 마을에서는 버틸 수가 없었죠. 천형처럼 짊어지고 살아야 하는 가난, 그것을 극복하고 이겨내라고 가르쳐준 산이 무등산이었습니다. 그래서 처음 가출을 시도한 것이 무등산 자락 빛고을 광주였습니다. 세상엔 많은 고향이 존재합니다. 서울, 안산, 광명 또한 제 고향입니다. 그러나 화순은 다릅니다. 저를 낳아주고 길러준 곳, 지금도 눈을 감으면 제 고향 덕산마을이 눈에 선합니다. 그럴 때면 제가 쓴 시 〈화순도곡〉을 수없이 읊조렸습니다.

화순적벽

화순도곡

문기주

눈물없이 떠나
눈물지게 하는 곳

내 고향 도곡엔
땅거미가 산다
세상 오욕을 감추게

내 고향 화순 도곡에는
도깨비가 산다

만리장성을 꿈꾸게

나는 밤낮 강도가 된다
나는 밤낮 도둑질을 한다

그 냇가
그 언덕
그 바람
그 구름

그것들을
밤새워 훔친다

저의 고향 화순과 DJ의 고향 신안, 무엇이 다른지요? 안산과 광명, 무엇이 다른지요? 같습니다. 단지 그곳에서 태어나서 자랐다는 것이 다를 수밖에요. 그래도 DJ의 헌사를 그리는 말미에 제 고향 자랑을 하려 합니다. 고향을 떠날 때

두 번 다시 돌아오지 않겠다는 맹세를 하였으면서도 눈만 감으면 떠오르는 곳, 밉지만 한없이 사랑하는 곳, 그곳이 화순입니다. 수많은 전설과 강산이 어우러진 곳, 지금은 관광지가 되어 꽤 많은 사람들이 오가지만 제가 어렸을 때만 해도 먹고 살기 위해 서울로, 광주로, 부산으로 떠나는 사람들이 대부분이었습니다. 늘 돌아오는 사람은 없고 떠나는 사람만 있던 곳.

큰바위얼굴

　DJ의 고향에 큰바위얼굴이 있다면 제 고향엔 아름다운 적벽들이 있습니다. 그 적벽들은 삼국지에 나오는 중국 양쯔강 중류의 적벽과 비슷하다고 해서 이름 붙여졌습니다. 그중 동복댐 상류의 장항리에 있는 이서적벽과 보산리에 있는 보산적벽, 창랑리에 있는 창랑적벽, 창랑리 물염마을에 있는 물염적벽 등이 유명하지요. 이서적벽은 다른 말로 노루목적벽이라고도 하는데, 수려한 자연경관과 웅장함 때문에 동복댐의 건설로 수몰되기 전까지는 이곳 적벽의 대표로 꼽혔습니다.

물염적벽은 규모나 주위의 경치 면에서 노루목적벽에는 미치지 못하나 언덕 위에는 '티끌 세상에 물들지 말라'는 뜻으로 세운 물염정이라는 정자가 있습니다. 이 적벽은 방랑시인 김삿갓이 최후를 마친 절경지로 유명합니다. 보산적벽 또한 규모는 작으나 경치가 무척 아름답니다.

그러나 1982년부터 1985년에 걸쳐 지역 주민을 위한 상수도용의 동복댐을 만든 뒤 절벽의 일부가 수몰되어 가까이 볼 수 없게 되었습니다. 창랑적벽은 도석리의 뒷산을 넘으면 있는데 동쪽의 창랑리에서 바라보면 웅장한 느낌을 줍니다. 잔잔한 강 위로 화순적벽의 바위 빛이 서로 교차되어 투영되는 광경은 마치 푸른 비단 폭에 동양화를 그려 놓은 것 같습니다. 아름다움의 극치지요.

특히 여름에는 송림이 우거져 푸르름과 조화를 이루고 가을에는 붉게 물든 단풍이 어우러져 더욱 아름다운 경치를 자아냅니다. 그런데 말입니다. 제 어린 시절, 왜 저는 그 아름다움을 몰랐을까요? 그 아름다운 곳에 살면서 그곳을 벗어나기 위해서 왜 그렇게 안간힘을 썼을까요? 지금 생각해보면 웃음이 나옵니다. 그래도 그러한 고향이 있었기에 훗날 제가 석정과 미당, 또 신동엽과 김남주 형을 만날 수 있었지요. 알게 모르게 고향의 모든 것이 제 가슴에 들어앉아 있었습니다. 요즈음도 저는 고향에 가면 늘 도둑질 하나를 해옵니다. 주인 몰래요. 그 산, 그 강 하나, 이제는 고향 주인에게 이실직고를 해야 할 것 같습니다. 이제는 그만 도둑질을 하겠다고요. 대신 어린 시절 들었던 노래들은 죽어도 잊지 않겠다고 약속을 해야겠지요.

DJ가 하늘나라로 간 바로 그 해 2009년. 제가 찾아간 곳은 모악산이었습니다. 백두산에서 지리산까지 땅의 모든 물줄기들과 동서남북의 분기점이 되는 백두대간이 조선의 뿌리를 이루고 있습니다. 지리산에서 북향한 호남 금남정맥이 마이산 근처입니다. 그 정맥이 다시 남북으로 갈라지고, 북쪽으로 뻗은 산줄기는 금남정맥, 남쪽으로 가는 정맥은 호남정맥이었습니다.

이제는 기억도 나지 않는 어머니의 등. 모악산의 길고 부드러운 능선은 언제

보아도 그 푸근함이 어머니 품 같았습니다. 또 이승의 하루가 저무는 시각에 저는 모악산을 바라보며 한 가닥 위로를 얻었습니다. 저를 바라보는 모악은 어머니를 등 뒤에서 보는 모습이었습니다. 저는 자신에게 말했습니다. 등은 거부의 의미가 아닙니다. 좌절의 밑바닥에서 다시 일어나는 모습이었습니다. 저는 제가 이제 어머니의 앞가슴으로 다가서고 있다고 생각했습니다.

눈발이 시작되는 밤길을 달려와 저는 금산사에 들었습니다. 밤새 눈이 내리면 내일 아침에는 하얗게 눈 덮인 새 세상을 보게 되리라 기대하며 잠자리에 들었습니다. 하늘은 새로운 판을 짜게 될 것입니다. 이튿날 아침 눈 뜨자마자 저는 방문을 열었습니다. 마른 땅도 채 덮지 못할 정도의 적은 눈밖에 내리지 않았습니다. 미완의 강설이었습니다. 미륵의 고장 모악산 금산사의 아침은 그렇게 저에게 다가왔습니다.

저는 미륵의 얼굴을 보기 위하여, 아니 수많은 사람들의 가슴 속에서 연면히 이어져 내려온 진정한 부처를 보기 위하여 이곳을 찾아온 셈이었습니다. 그러나 막상 금산사의 미륵상을 마주 대하고 나서 갖게 된 느낌은 제 기대와는 달랐습니다.

커다란 미륵장륙상(彌勒丈六像)은 물론이고 좌우의 보살상까지 인간과는 거리가 멀었습니다. 제가 가졌던 미륵의 형상과는 너무도 달랐습니다. 미륵이 진정 고난 받는 중생의 하늘이라면 분명 다른 것이어야 했습니다.

저는 대웅전을 나와 절 마당의 잔설을 쳐다보면서 눈을 감았습니다. 큰바위얼굴. DJ 얼굴이 그리워졌습니다. 저승으로 떠나는 그의 지금 흉중은 어떠할까? 저는 아침 일찍 신발의 끈을 조여 맸습니다.

DJ의 마음을 알 수 있을 것 같았습니다. 그의 모든 연설은 함성이 아니라 울부짖음이었음을, 그것은 밖으로 터뜨리는 불만이 아니라, 안으로 안으로 집어 삼키는 서러움이었음을.

저는 연신 흘러내리는 눈물을 닦았습니다. 그리고 잠시 풀섶 한 켠에 자리를 잡고 앉았습니다. 고개를 들어 하늘을 올려다 보았습니다. 곧바로 지리산 상무주암으로 가기 위해서였습니다. 눈보라 날리는 지리산. 언제나 산다화 피면 읊을 수밖에 없는 송수권의 시를 외우며.

문학밖에 없었습니다

보조국사 지눌이 오랫동안 수도했던 곳, 상무주암.

뛰어난 사찰이 있기에 산은 명산이 될 수 있었고, 명산 속에 있으므로 사찰은 명찰이 되었습니다. 거기에 역사마저 가미되니 고찰이 되었습니다. 지리산 상무주암이 바로 그런 곳이었습니다. 지리산과 상보 관계를 이루며 오늘날까지 법등이 이어진 명산 속의 명찰이자, 역사 속의 고찰이었습니다.

상무주(上無住).

일단 그 이름부터가 범상치 않았습니다. 여기서 상(上)은 부처님도 발을 붙이지 못하는 경계이고, 무주(無住)란 머무름이 없는 자리지요. 어쩐 일인지 저는 가난과 외로움 속에서도 성경과 불경만은 놓지 못했습니다. 책이 귀하던 시절, 저는 책을 살 돈이 없었습니다. 그저 딱 한 권씩이면 되었습니다. 그래서 제가 가지고 있는 성경과 불경은 너덜너덜해졌습니다. 그러면 다시 또 한 권. 그렇게 계속된 숨바꼭질 속에 인근의 대흥사, 금산사, 상무주암은 마치 고향과 같은 곳이 되었습니다.

잠깐 들른 남해의 외남교회, 훗날의 도봉산 망월사 또한 그곳의 목사님과 그곳의 스님은 모두 고향에 온 것 같았습니다. 머물 곳도 없는 진리의 자리에 머무르려 하는 스님의 생활, 어쩌면 그것이 바로 상무주였습니다. 제가 상무주를 찾아가는 것은 빼어난 경관과 지리산의 장엄함을 구경하기 위해서가 아니었습니다. 명백한 상무주의 놓임새 때문이었습니다. 툭 터진 곳, 거칠 것 없는 곳,

상무주는 아무것도 가르쳐주지 않아도 앉은 그 모양 그대로 제게 말해 주고 있기 때문이었습니다.

녹색 양철 지붕의 암자 상무주.
암자를 막 들어서자 입구를 막아 놓은 나무 막대기가 발걸음을 멈추게 했습니다. 신발이 없는 것으로 보아 아무도 없는 것 같았습니다. 처마 끝에 매달려 있는 풍경이 뎅그렁 뎅그렁 소리를 내며 상무주를 지키고 있을 뿐이었습니다. 암자 뒤편에 펼쳐지는 기암과 적송의 기막힌 어울림, 그 기암절벽과 함께 거목으로 자란 노송들이 고고함에 더하여 빼어남까지 지녔습니다.

훤칠한 키에 마치 진흙을 발라 놓은 것 같은 착각이 들 정도의 붉은 빛을 띤 줄기, 줄기 위에 굽은 듯 곧은 듯한 가지와 거기에 매달린 푸르른 잎, 그 속에서 자연스럽게 스며 나오는 솔향기. 이 모든 것은 수백 년의 연륜이 낳은 선경의 기품이었습니다. 그 밑에 작고 소탈한 모습으로 앉아 있는 상무주는 정말 신선들이 노는 놀이터같았습니다.

저는 청년 지눌의 이상적인 종교적 삶의 포부로 가득한 글귀를 기억했습니다. '머무름이 없는' 상무주에 저는 일단 행장을 풀었습니다. 그리고 발길을 돌렸습니다. 상무주에 머물기 전에 돌아볼 곳이 있었기 때문이었습니다. 지눌과 혜심, 무기 스님의 불심이 깃들인 상무주를 등 뒤로 하고 다시 오솔길을 따라 도솔암으로 향했습니다. 문수암 뒤편에는 커다란 바위, 그 바위 틈새에서 물이 흘러나오고 있었습니다. 바로 그것을 보기 위해 온 것이지요.

서른 다섯의 일기
문기주

지겹도록 짜증나는 일상
다람쥐 쳇바퀴 돌듯이 돌아가는
그저 그러한 직장업무

바랄 것은 없지만 묵묵히 인내하며
맡은 바 실무를 다하여도
돌아온 것은 책망
그러나 접지 못하고 파리 목숨 부지하듯
그렇게 이어온 직장생활
이제 내 나이도 서른 다섯 살이 되었다

슬픔과 번뇌의 생활들이 어지럽게 다가오고
내 생애의 비정함이
서서히 물들어간다
주어진 일에는 꾸밈없이 대처해 나가지만
보람을 기대하지 않고 있다

내가 살아오면서
너를 만났고
만남을 지속하고 끈질기게 노력하는 것은
내가 지금껏
살아온 나날보다는
살아갈 날이 많다는 것을 알고 있기 때문이다

그런 이유로 하여
그 모든 것을 너와 함께라면
다시는 한서린 삶을 살지 않을 것이다

오랜 시간이 흐른 훗날, 그때를 기억하여 제가 쓴 시입니다. 지눌처럼 살고 싶었기 때문입니다. 어쨌든 2009년의 삼정산은 내륙 지리산의 중봉 · 천왕봉 · 촛대봉을 이어 반야 선경 · 노고단, 만복대까지 연결되는 지리산의 영봉을 가슴에 안아볼 수 있게 해주는 유일한 곳이었습니다. 여간해서 속내를 드러내지 않는 지리산의 속속, 길은 바야흐로 천년의 역사를 간직한 숱한 불적들로 이어져 있었습니다.

영원사는 첩첩산중에 정남향으로 배치돼 있는 어마어마한 사찰이었습니다. 아홉 채의 웅장한 건물, 신라 경문왕 때 금강산에 영원암을 세웠던 영원대사, 그가 젊은 시절 8년의 토굴 수도 후 깨달음을 얻지 못하고 수도처를 옮깁니다. 물도 없는 산에서 낚싯대를 드리우고 있던 노인의 말을 듣고 다시 토굴로 들어가 2년을 더 수도 정진한 끝에 마침내 득도해 영원사를 세웠습니다. 영원 스님의 하산을 막고 깨달음을 준 그 노인은 다름 아닌 문수대성이었을 것이라고 후세 사람들이 말했습니다.

영원사가 창건된 이후로 수많은 고승 선객들이 이곳에서 수행했습니다. 벽계 정심 아래 서산, 청매, 사명, 지안, 설파, 포광 스님 등 109명의 고승들이 안거, 수도했습니다. 이 세상 어디에서도 맛보지 못할 빛나는 여정이었습니다. 저는 눈이 오는 하늘을 연신 쳐다보았습니다. 한껏 눈꽃을 달고 있는 겨울나무를 다시 보았습니다. 무엇을 구할 것인가. 누구에게 구할 것인가. 무엇을 끊고, 무엇을 두려워하랴. 저는 제가 잠시 사업을 접은 까닭을 알 수 있었습니다. 옷을 모두 벗은 겨울나무 가지를 보면서 제가 마지막으로 돌아갈 집을 생각했습니다.

그곳은 어디일까?
기온이 떨어지기 시작했습니다. 겨울은 이미 겨울에 잉태되어 봄에 싹을 틔우고, 여름에 자라, 가을에 그 징조를 드러냈지만 목숨을 가진 것들에게는 언제나 갑자기 찾아왔습니다. 어느 날 서리가 내렸고, 어느 날 눈송이들이 흩날렸습니다. 그리고 어느 날 온 세상이 얼어버렸습니다.

숲속에 오두막이 있었습니다.
사방 50리, 인가라고는 눈을 씻고 찾아봐도 없는 산속, 표목이 떨어진 이름 모를 폐사 웃녘이었습니다. 아랫마을 사람들은 그 절의 이름을 영원교회라고 하였습니다. 종은 없고, 종을 건 뼈대만 남아있는 언덕 위 평탄하고 넓은 곳, 뭇 풀 무성한 그곳에 누가 만들었는지 알 수 없는 묘표가 비바람, 눈보라에 삭고 있었습니다. 옛날에는 조그만 교회가 있던 자리였지만, 화전민들에 의해서였는지 널따란 평원만이 남아있었습니다.

 오두막 옆 개울이 순식간에 얼기 시작했습니다. 이제 얼음은 다음 해 봄이 올 때까지 저를 떠나지 않을 것이었습니다. 결국 얼음이 얼음을 만들고, 바람이 바람을 만들 것이었습니다. 저는 억지로 웃었습니다. 이 산속에 언제나 불빛 하나 반짝일 것이고, 그러다가 죽는 것이 인생, 오직 그것뿐이었습니다.

 저는 배낭 속에 가져간 미숫가루만을 먹었습니다. 그 위에 솔잎을 너무 많이 넣어 배가 아팠습니다. 잣잎을 따서 날것으로도 먹었습니다. 잣나무 가지를 잘라 교회 부엌에 놓고 조금씩 잘라 먹었습니다. 그러나 그것마저 혹독한 추위에 뚝뚝 부러졌습니다. 산나물은 아무리 먹어도 허기를 면하기 어려운데 미숫가루에 잣은 우선 배가 아프지 않았습니다. 이곳에 오기까지 저는 일주일을 그렇게 걷고 또 걸었습니다. 그야말로 유리걸식을 했습니다. 그렇지만 저는 조금도 고통스럽지 않았습니다. 문학이 전부였던 그 시절, 죽어도 시가 쓰고 싶었습니다. 그러나 그렇게 원하던 시 한 줄이 떠오르지 않았습니다. 단 한 줄도!

 문학밖에 없었습니다.

 그나마 굶어 죽지 않은 것은 다행이 아니라 불행이었습니다. 저는 죽기를 원했지만, 죽을 수 없었습니다. 저는 무수히 보았습니다. 먹고 살기 위해 모두 도시로 떠나 폐허가 된 마을과 마을, 길바닥에 늘어선 무참한 곡괭이들의 죽음, 굶주림에 지쳐 고향을 등지는 사람들, 슬픔이었습니다. 공부하다 죽으리라. 그래서 저는 죽을 수도, 살 수도 없었습니다. 저는 쓰러질 때까지 걷고, 일어나면 또 걸었습니다. 산에서 죽어 짐승의 밥이 되더라도 이제 저에게 있어 남은 삶은 공부밖에 없었습니다. 그리고 마지막 산행. 그곳은 당연히 무등산이었습니다.

무등의 동화 하나

무등을 보며

서정주

가난이야 한낱 남루(襤褸)에 지나지 않는다
저 눈부신 햇빛 속에 갈매빛의 등성이를 드러내고 서 있는
여름 산 같은
우리들의 타고난 살결 타고난 마음씨까지야 다 가릴 수 있으랴

청산(靑山)이 그 무릎 아래 지란(芝蘭)을 기르듯
우리는 우리 새끼들을 기를 수밖에 없다

목숨이 가다가다 농울쳐 휘어드는
오후의 때가 오거든
내외들이여 그대들도
더러는 앉고
더러는 차라리 그 곁에 누워라

지어미는 지애비를 물끄러미 우러러보고
지애비는 지어미의 이마라도 짚어라

어느 가시덤불 쑥구렁에 누일지라도
우리는 늘 옥돌같이 호젓이 묻혔다고 생각할 일이요
청태(靑苔)라도 자욱이 끼일 일인 것이다

호남정맥의 중심 산줄기인 무등산은 소백산맥 끝자락에 우뚝 솟아 있으며, 광주의 옛 이름인 무진주에 있는 산이라 하여 무진악 또는 무악이라 불렀고, 대개 큰 산이 그렇듯 무속과 연관하여 무덤산, 무당산이라고도 했습니다. 불교 전래 후 부처가 세상 모든 중생과 견줄 수 없이 우뚝하다는 존칭으로 옛 이름과도 유사한 무등산(無等山)이라 부르게 되었습니다.

모두 알다시피 호남과 광주는 한국의 역사에서 매우 특수한 지역으로 꼽힙니다. 정치, 사회적으로 수많은 침탈과 탄압을 경험했던 지역이지요. 그래서인지 호남과 광주를 대표하는 무등산은 많은 전설들을 간직하고 있습니다. 무등산 아래에서 살아온 사람들의 오랜 집단적 경험이 고스란히 투사되어 있을 것으로 생각되는 무등산 전설을 따라서 지역민의 삶을 조망해볼 수 있는 가치 있는 단초가 되고 있습니다. 그 전설 속에서 무등산은 편안한 삶을 살고자 하는 일반 백성의 심정을 대변해주고 있으며, 때로는 불의를 용납하지 못하는 의기의 화신으로 그려지고 있고, 또 나라의 안위가 위태로울 때 나라를 지켜줄 영웅을 탄생시킨 모태로 그려지고 있습니다.

따라서 이를 요약하면 무등산 전설은 호남 사람들과 광주 사람들의 집단적인 성으로 꼽히는 의기와 충절을 표상하고 있으며, 다른 한편으로는 젖무덤 같은 이미지로 그려지면서 지역민들에게 안온한 삶을 보장해준 어머니와 같은 역할을 해온 것으로 알려져 있습니다. 무등산의 전설은 결국 그것이 위치한 지역의 삶과 역사를 반영하고 있습니다. 그중에 다음과 같은 전설 하나가 과거와 오늘의 호남과 광주를 대변하는 전설 아닌 전설로 남아있습니다. 왜 광주가 이 나라 민주주의의 모태요, 예술의 근원이 되는지를 여실히 보여주고 있습니다. 오늘의 광주가 있고, 무등산이 백두산과 묘향산에게 핍박 받은 가슴 아픈 까닭과 오늘의 우리들에게 DJ가 존재할 수 있었던 결정적인 동화 하나 말이죠.

햇볕 맑은 날.

하늘의 옥황상제가 무등산 신령을 불러들였습니다. 옥황상제가 그렇게 친히 무등산의 신령을 부르는 일은 그리 흔하지가 않았습니다.

"무등산의 정기로 훌륭한 장수를 태어나게 할 것을 당부하기 위해서니라."

옥황상제가 그런 특별한 명을 내리자, 무등산 신령은 너무 감동을 받았습니다.

'나보다 높은 백두산, 한라산, 지리산 신령에게도 내리지 않는 명을 내게 내리시는구나.' 무등산 신령은 좋아서 어쩔 줄 몰랐습니다.

"다른 산보다 그리 높지도 깊지도 않은 무등산의 정기를 받아 훌륭한 장수를 태어나게 하는 일은 그리 쉬운 일이 아니니, 그만한 정성이 있어야 하느니라."

옥황상제는 몇 가지 당부를 잊지 않았습니다.

"자, 여기 산삼 하나를 줄 테니 이것을 그대의 무등산에서 천년을 키우도록 하라. 그러면 무등산에서 이 세상을 참되게 다스리는 훌륭한 인물이 태어나리니. 그것은 오직 그대의 정성에 달린 일이다."

옥황상제의 분부가 아주 어려울 것으로 생각했던 무등산 신령은 산삼 하나만 정성껏 키우면 된다는 분부에 안도의 한숨을 내쉬었습니다. 산삼이 명약이라고는 하지만 그저 정성껏 가꾸기만 하면 그리 어려운 일은 아니라는 생각이 들었던 것이지요. 옥황상제는 금빛 작은 상자에서 산삼을 내주었습니다. 산삼을 받아든 무등산 신령은 옥황상제에게 하직 인사를 하고 하늘에서 내려왔습니다. 자기가 다스리는 무등산에서 이 세상을 다스리는 사람이 태어난다고 생각하니 가슴이 벅차올랐습니다. 그동안 백두산을 비롯한 큰 산의 신령들에게 당한 설움이 이만저만이 아니었으니까요. 천년 뒤이기는 하지만 세상을 다스리는 훌륭한 사람이 무등산에서 태어난다면, 생각만 해도 흐뭇한 일이 아닐 수 없었습니다.

그 후 무등산 신령은 구백구십구 년 동안 산삼을 고이고이 키웠습니다. 처음에 쉬운 일인 줄 알았던 산삼 키우기가 여간 힘든 일이 아니라는 것을 알게 된 것은 산삼을 한참 키운 후였습니다. 눈보라가 치고 비만 오면 마음을 졸여야 했고, 태풍이 불면 아예 잠을 잘 수가 없었습니다. 그것뿐만이 아니었습니다. 인간들이 산에 들어오면 한눈을 팔 틈이 없었습니다. 인간들이란 산삼이라면 꿈에서조차 소원하는 것이었기 때문이었습니다. 무등산 신령은 그렇게 구백구십구 년을 산삼을 키웠습니다.

그런데 일은 엉뚱한 곳에서 터지고 말았습니다. 무등산 신령의 하나밖에 없는 아들이 옥황상제가 내려준 산삼을 발견했던 것이지요. 풀에 대해서 잘 모르는 아들 눈에도 거의 천년 묵은 산삼은 다른 풀과 아주 다르게 보였던 것입니다. 아무것도 모르는 아들이 조심스럽게 산삼의 몸체를 움켜잡고 뿌리째 뽑으려고 하는 그 순간이었습니다.

"안 된다!"

다행인지 불행인지 무등산 신령이 근처에 있었던 것입니다.

"왜요?"

"그것은 옥황상제님께서 하사하신 산삼이란다."

"구백구십구 년을 길렀다. 앞으로 일 년만 있으면 산삼은 꽃이 피게 될 거야. 그러면 이 무등산 정기를 이어받아 이곳에서 훌륭한 사람이 태어날 것이야. 그가 이 세상을 다스리게 되지. 그러니 그때까지 아예 이 산삼이 있는 곳에는 얼씬도 하지 말도록 해라. 알겠느냐?"

아들은 바로 고개를 끄덕거렸지만 신령은 그런 아들이 미덥지가 못하여 다시 한 번 다짐을 해두었습니다.

"내 명을 어기는 것은 곧 옥황상제의 명을 어기는 것이니라. 너도 옥황상제의 명을 어겼다가는 어떻게 되는 줄 알고 있겠지?"

"너는 장차 내 뒤를 이어 무등산 주인이 될 귀한 몸, 부디 내 말을 명심하도록 하여라."

무등산 신령은 모든 아버지들이 그렇듯 옥황상제가 말한 훌륭한 사람이 이 세상에서 가장 사랑하는 자기 아들이 되었으면 하고 바라고 있었습니다. 아버지의 지엄한 분부를 받은 아들은 장차 무등산의 주인이 되기 위해 심신수양에 전념하여 십 년이란 세월을 보냈습니다. 그러는 사이 그는 아버지로부터 받은 명을 깜박 잊고 있다가 산삼이 천년을 묵어 꽃이 핀 것을 보게 되었습니다.

천년 묵은 산삼꽃의 향기는 이 세상에서는 맡을 수 없는 아름다운 향기였습니다. 아들은 그것이 천년 묵은 산삼이라는 것을 알지 못했습니다. 그동안 산삼의 몸체가 많이 달라져 있었던 것입니다.

"아, 생전 처음 보는 꽃이 피었구나. 이 꽃을 따서 늘 내 몸에 지니고 있어야지."

아들은 그만 산삼의 꽃을 꺾어 몸에 지니게 되었습니다. 아침 저녁으로 산삼을 보기 위해 직접 뜰로 나왔던 무등산 신령은 산삼의 꽃이 없어진 것을 알고 그 자리에 주저앉고 말았습니다. 그는 무등산에 속해 있는 작은 산의 신령들을 속히 불러들였습니다.

"오늘 아침에 옥황상제님께서 하사하신 천년 묵은 산삼의 꽃을 도적질한 놈이 있다. 그놈을 반드시 잡아 오도록 해라. 내 그놈을 살려두지 않으리라!"

그러나 얼마 있지 않아 잡혀 온 사람은 다른 사람 아닌 신령의 아들이었습니다.

"그것이 정말이냐?"

아들은 땅바닥에 엎드린 채 울면서 말했습니다.

"저는 정말 몰랐습니다."

"이놈!"

무등산 신령은 고함을 질렀습니다.

"내 명을 거역하고 천년 묵은 산삼의 꽃을 꺾었으니 너는 하늘이 내린 엄한 벌을 면치 못하리라."

"아버님 소자는 모르고 한 짓이옵니다."

무등산 신령은 흘러나오는 눈물을 감추고 서릿발 같은 표정으로 말했습니다.

"내가 그렇게 타일렀거늘. 신령이 지켜야 할 하늘의 법도를 지키지 않는다면 비록 백두산이나 금강산의 신령이라 할지라도 벌을 받아야 하느니라. 그런데 하물며 너에게 있어서랴. 자, 너를 우렁이로 변신시켜 저 앞뜰에서 살게 하리라."

"아버님, 아버님!"

아들은 고통스러운 신음 소리와 함께 우렁이로 변하고 말았습니다.

그때부터 무등산 신령의 아들은 지금의 단월리, 산신령의 앞뜰에서 살게 되었습니다. 비록 아들이 돌이킬 수 없는 죄를 지어 우렁이로 변했지만, 무등산 신령은 우렁이로 변한 아들을 가까이 두고 싶었던 것입니다. 산신령의 앞뜰은 그만큼 안전했던 것이지요. 그래도 우렁이가 된 아들은 언제나 조심해야 했습니다. 조금만 방심하면 하늘이나 땅에서 자신을 노리는 것들에게 덥석 잡아먹히게 되기 때문이었습니다. 다행히 옥황상제의 부름이 없어 마음을 놓고 있을 무렵.

어느 날 신령의 앞뜰에 커다란 학 한 마리가 지나게 되었습니다. 평소 같으면 얼른 몸을 감추었겠지만 이미 자랄 대로 자란 아들 우렁이는 움직임이 둔할 수밖에 없었습니다. 더구나 산신령의 앞뜰이라 웬만한 새나 짐승은 얼씬거리지 않았기 때문에 그만큼 방심하고 있었습니다.

"오늘은 아주 운이 좋군."

학은 흐뭇하게 웃으며 긴 부리를 우렁이에게 내밀었습니다.

"안 돼. 난 이곳 무등산 산신령의 아들이야. 날 살려줘. 난 우렁이가 아니란 말이야. 벌을 받고 우렁이가 된 것뿐이야. 학아, 제발, 제발!"

 우렁이가 된 아들은 간절하게 사정을 했지만 아무 소용이 없었습니다. 마침내 학이 우렁이를 쪼아 먹기 시작했습니다. 학의 날카로운 부리에 걸린 우렁이가 비명을 질렀습니다.
"아니, 저 소린?"
멀리서 들려오는 아들의 소리에 깜짝 놀란 무등산 산신령은 재빨리 몸을 일으켰습니다. 그러나 우렁이가 된 아들은 이미 숨을 거둔 뒤였습니다. 무등산 신령은 미친 듯 외쳤습니다.
"저놈에게 벼락을 내려라!"

 무등산 산신령의 노한 목소리는 하늘을 울리고 땅을 울렸습니다. 그러자 커다란 천둥과 번개가 무등산을 휩쓸고 지나갔습니다. 산신령의 아들을 먹고 막 날아가려던 학은 그만 비명 한 번 지르지 못하고 그 자리에 떨어지고 말았습니다. 그러나 학과 함께 아들을 잃은 산신령도 너무도 큰 슬픔에 그만 숨을 거두고 말았습니다.

 날개를 편 채 죽어버린 학, 그리고 그 학의 부리 안에서 그대로 굳어버린 우렁이의 껍질, 그 껍질은 세월의 흐름에 따라 모습이 조금씩 변하여 섬처럼 들 한가운데 큰 봉우리를 이루었습니다. 그것이 바로 무등산의 덮을봉입니다. 학의 날개로 하늘을 덮었다는 뜻이지요.

 후에 그 일을 알게 된 옥황상제가 무등산 산신령의 간절한 소망대로 무등산 아래에 많은 훌륭한 인물들이 태어나게 했습니다. 그래서 비옥한 호남평야를 내려다보고 있는 무등산 일대에는 의병장 김덕령 장군을 비롯한 많은 선열, 지사, 시인, 작가, 예술가 등이 배출되었으며, 또 무등산의 정기는 일제강점기의 광주학생운동과 군부독재시대의 광주민주화운동을 일으킨 원동력이 되었던 것이지요.

오늘날 DJ가 광주를 근간으로 이 나라 역사를 새로 써 내려간 구심점이 바로 이 한편의 동화가 아닐런지요? 사랑하는 자식을 우렁이로 만들고, 또 그것이 마음 아파 뜰에서 키운 아버지, 그리고 결국 학에게 잡아먹힌 아들을 보고 그대로 돌이 되어버린 부정, 그것이 오늘날 광주 어미들의 심정은 아닐런지요?

저는 제가 간추린 이 동화를 읽을 때면 가슴이 먹먹해집니다. 전설의 아름다움, 그 전설의 의미. 전설은 결코 그냥 생기는 법이 없습니다.

마음은 어디에 있는가. 몸속에 있습니다. 그렇다면 밖을 내다봐라. 무엇이 보이는가. 숲이 보이고 하늘이 보였습니다. 이유는 열린 창을 통해서 그대의 시선이 밖으로 나갔기 때문입니다. 내 몸은 분명히 이 방 안에 있습니다. 마땅히 방 안에 있는 것들이 숲과 더불어 나란히 보여야 합니다. 그런데 저의 시선이 밖으로 나가면 방안을 보지 못합니다. 마음이 몸속에 있다면 당연히 심장, 큰 창자, 작은창자, 콩팥 등을 먼저 보아야 합니다. 손톱이 자라고 머리카락이 길어지며 피가 흘러가는 것을 익히 보아야 합니다. 그러나 보지 못합니다. 그러니까 마음은 몸속에 있는 것이 아닙니다.

저는 무등산을 바라보며 제가 알고 있는 예수님과 부처님을 동원하여 온갖 생각을 하였습니다. 그러나 여전히 세상은 어둡습니다. 그 어두운 세상을 두고 혼자 산중에 앉아 있다고 무엇이 달라질까? 세상 사람 누구나 슬픈 신음을 흘리는데 그것을 제 할 일이 아니라고 방관하는 것은 과연 옳은 일인가? 아무리 못난 나라의 무지렁이라 하더라도 부모 형제가 나고 자란 땅이 아닌가? 언뜻언뜻 그런 생각까지 했습니다. 자신과 담을 쌓은 자신의 고장으로 인해, 자신의 나라로 인해 가슴이 아팠습니다.

만약 나와 같은 사람들만 있다면 이 세상은 어떻게 유지될 것인가? 저는 뜨겁게 달아오르고 있는 아궁이의 장작불을 보면서, 했던 생각을 하고 또 하고, 부인하기를 하루 일과같이 하였습니다. 그러한 날들이 무심히 흘러갔습니다. 저는 그사이 금쪽같이 아끼던 성경과 불경들을 남김없이 태웠습니다. 그 모든 것을 제 마음속에 넣기 위해서였습니다.

들판을 태우는 불도 반딧불만한 작은 불씨에서 발생하고, 산을 쓸어버리는 물도 졸졸 흐르는 물에서부터 시작됩니다. 물이 적을 때는 한 옹큼의 흙으로도 막을 수 있지만 크게 불어나면 나무와 돌을 쓸어내리고 언덕을 덮어버리며, 불이 약할 땐 한 국자의 물로도 끌 수 있지만, 활활 타오르게 되면 산과 마을까지 번지게 됩니다. 사람의 마음이 저 물난리 같은 애욕이나 성냄과 무엇이 다르겠습니까.

옛사람은 마음을 다스릴 때 감정과 사념이 일어나기 전에 막았습니다. 그러므로 적은 노력으로 큰 효과를 거두었습니다. 정념과 본성이 뒤섞여 애오(愛惡)의 감정이 서로 싸우는데 이르면 자신의 삶도 망치고 남도 망치게 되는 지경에 이르니 그때 가서는 어쩌지 못합니다. 그 뜨거운 사념을 억지로 억누르고 2009년 저는 그렇게 사랑하고 존경하던 우리들의 선생님, DJ를 미당의 연꽃 만나고 가는 바람에 실려 보냈습니다.

연꽃 만나고 가는 바람같이

　　　　　　　　서정주

섭섭하게,
그러나 아조 섭섭치는 말고
좀 섭섭한 듯만 하게,

이별이게,

그러나
아주 영 이별은 말고
어디 내생에서라도
다시 만나기로 하는 이별이게,

연꽃
만나러 가는
바람 아니라
만나고 가는 바람같이

엊그제
만나고 가는 바람 아니라
한두 철 전
만나고 가는 바람같이

공작새

문기주

주홍빛 공작을 보라
날개를 펼칠 때마다
붉어지는 사랑의 밀어들
그안에 고여있는
간절한 것들이
또는 애절한 것들이
튜울립처럼 피는구나

연초록의 공작을 보라
은은함으로 자태를 뽐내는 공작 앞에
숨소리조차 멈추었구나

잿빛 공작을 보라
세사(細事)에 젖은 것들은 가라
간절하거나 애절하지 않은 것들도 가라
사랑은 갈구하지만 헤아리는 거란다
거북이 등처럼 굽은 자세로
피아노 건반 오르내리듯이
파도를 타는 공작의 눈에는
슬픔이 고였구나
물은 흘러야 맑고 깨끗한 법
공작은 세상을 날면서 바람타는
파노라마를 그려야
진정한 아름다움인 것을 모르느냐

그대에게 말하노니
슬픈 공작의 슬픈 날개짓을 보라
아프다면
아프게 느껴졌다면
문을 열어 하늘을 날개하라

DJ
연보

DJ 연보

출생과
성장

1924년 1월 6일 전남 신안군 하의면(荷衣面) 후광리(後廣里)에서 아버지 김운식(金雲植)과 어머니 장수금(張守錦)의 둘째 아들로 출생. 고향 마을, '후광'(後廣)은 그의 평생 아호.

1933년 하의공립 보통학교에 입학

1937년 목포북교 공립 심상소학교로 전학

1944년 목포상업고등학교(현 전남 제일고등학교) 졸업, 동시에 해운회사에 취직해 청년사업가로 활동

청년사업가	1946년	4월 9일 차용애 여사와 결혼, 슬하에 홍일, 홍업 두 아들 둠
	1950년	6월 6·25 한국전쟁 발발 당시 북한군에게 붙잡혔다가 총살 직전에 목포교도소에서 탈출
	1951년	3월 목포해운회사(흥국해운) 사장에 취임. 같은 해 전남해운조합 회장, 한국조선조합 이사로 취임
	1954년	목포에서 무소속 후보로 국회의원 선거 출마했으나 낙선
	1957년	카톨릭 영세, 영세명 토마스 모어

국회의원	1961년	5월 국회의원 선거에서 세 번 연속 떨어진 뒤, 강원도 인제 보궐 선거에서 처음으로 5대 민의원 당선
	1962년	5월 이희호 여사와 재혼. 슬하에 홍걸 둠
	1962년	7월 '이주당 반혁명 사건'으로 구속
	1963년	6대 국회의원 선거에서 당선(전남 목포), 민주당 대변인 활동
	1964년	4월 국회 본회의에서 김준연 의원에 대한 구속동의안 상정 지연을 위해 5시간 19분 동안 의사진행 발언
	1965년	5월 민중당 대변인
	1966년	8월 민중당 정책위원회 의장 겸 정무위원
	1967년	2월 통합야당 신민당 창당. 신민당 정무위원 및 대변인 활동
	1967년	6월 7대 국회의원 선거에서 박정희 정권의 집중적인 '김대중 낙선 전략'에도 전남 목포에서 당선

대통령후보	1968년	6월 신민당 원내총무로 지명되었으나 의원총회에서 부결. 김영삼의원 원내총무 당선
	1970년	1월 신민당 7대 대통령 후보 지명전에 출마 선언
	1970년	9월 신민당 전당대회 후보 경선에서 7대 대통령 후보로 선출
	1971년	4월 27일 7대 대통령 선거에서 낙선(46% 득표), 박정희 당선
	1971년	5월 8대 국회의원 선거에서 신민당 후보 지원 유세차량을 타고 가다가 교통사고를 가장한 테러 당함
	1971년	5월 25일 8대 국회의원 전국구 당선

유신시대1 동경납치 사건	1972년	7월 13일 7 · 4 남북공동성명 발표 후 외신 기자회견에서 남북한 유엔(UN) 동시 가입 제창
	1972년	10월 일본 동경에서 유신 반대 첫 성명 발표. 미국 워싱턴에서 국민투표 무효선언 발표
	1973년	8월 일본 도쿄에서 중앙정보부원들에게 납치당해 바다에 던져지기 직전 생환. '동경 납치 살해 미수 사건'
	1973년	8월 납치된 후 동교동 자택에 귀환. 귀국하자마자 가택연금과 동시에 일체의 정치활동을 금지 당함

유신시대2 명동 3.1 민주구국 선언	1974년	11월 27일 가택연금 속에서 재야 반유신 투쟁의 결집체인 '민주회복국민회의'에 참여
	1975년	선거법 위반 혐의(63년 대통령 선거 관련)로 1년형 선고
	1976년	3월 1일 윤보선, 정일형, 함석헌, 문익환 등 재야 민주 지도자들과 함께 '명동 3·1 민주구국선언' 주도. 긴급조치 9호 위반으로 구속되어 1심에서 징역 8년 선고
	1977년	3월 22일 대법원에서 징역 5년 자격정지 5년형 확정 (긴급조치 9호 위반) 옥고
	1977년	5월 7일 진주교도소 수감 중 접견제한에 항의, 단식투쟁
	1977년	10월 31일 진주교도소 수감 중 격려차 찾아온 김수환 추기경과 면담
	1977년	12월 19일 서울대학병원으로 이송, 수감
	1978년	12월 27일 옥고 2년 10개월 만에 형집행정지로 가석방된 후 장기 가택연금
	1979년	4월 4일 윤보선, 함석헌, 문익환 선생 등과 함께 '민주주의와 민족통일을 위한 국민연합' 결성 주도, 공동의 장으로 반독재투쟁에 앞장, 3차례 연행
	1979년	12월 8일 박정희 대통령이 시해당한 10·26 사태로 긴급조치 9호가 해제되고 자택연금에서 해제

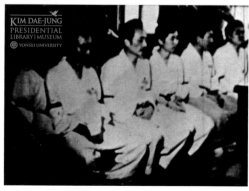 

광주민주화	1980년	2월 29일 사면, 복권
운동과	1980년	5월 16일 김영삼 신민당 총재와 공동기자 회견, 시국 수급 6개항 제시
사형선고	1980년	5월 17일 동교동 자택에서 체포, 구속, 고문 조작 수사. 비상계엄 전국 확대, 광주 민주화 운동 발발
	1980년	9월 17일 군사재판에서 사형선고
	1980년	12월 4일 2심에서 사형 확정
	1981년	1월 23일 국제적 구명 여론에 힘입어 사형에서 무기로 감형
	1982년	3월 2일 무기에서 20년으로 감형
	1982년	12월 16일 복역 중 서울대학병원으로 이송
	1982년	12월 23일 2년 7개월의 옥고 끝에 형집행정지로 미국 망명

미국 망명생활	1983년	5월 16일 미국 에모리 대학에서 명예 법학박사 학위
	1984년	12월 전두환 대통령에게 귀국의사를 밝힌 서한 발송 (전두환, 김영삼, 김종필, 김대중 4자회담 제의)
민추협 활동 대통령 출마	1985년	2월 8일 망명 2년 3개월 만에 당국의 반대와 주위의 암살 걱정을 무릅쓰고 귀국 김포 공항에서 대인접촉이 봉쇄된 채 격리, 가택연금
	1985년	3월 18일 김영삼씨와 야권통합을 합의하고 민추협 공 동의장직을 수락
	1985년	6월 17일 김영삼 민추협 공동의장과 민주화 요구 공 동 발표문 채택
	1986년	2월 12일 신민당민추협 중심 대통령 직선제 개헌 청 원 1백만인 서명운동 시작

민추협 활동 대통령 출마	1986년	7월 신민당 상임고문으로 추대되었으나 당국에 의해 저지
	1987년	4월 8일 김영삼 전 대통령과 신당 창당 선언
	1987년	7월 9일 사면 복권('김대중 내란 음모 사건' 관련자 등)
	1987년	10월 각계 대표들의 지지와 추대로 13대 대통령 선거 출마 선언
	1987년	11월 12일 평화민주당 창당대회에서 총재 겸 13대 대통령 후보로 선출
	1987년	12월 16일 13대 대통령 선거에서 낙선, 노태우 당선

1988년	4월 26일 13대 국회의원 선거 전국구 당선(사상 최초로 여소야대 국회, 평민당 제1야당)
1988년	5월 18일 야 3당 총재 회담, 5개항 합의(5공비리 조사, 광주학살 진상규명 등)
1988년	11월 18일 국회 광주특위 청문회에 증인으로 참석 증언. '김대중 내란음모 사건'은 전두환 신군부 세력의 정권 찬탈을 위한 조작극이었음을 입증
1990년	1월 8일 지방자치제도 전면 실시 등 4개항 요구하며 단식
1990년	7월 27일 평민당 전당대회에서 김대중 총재 재선출
1990년	10월 8일 '지방자치제도 실시, 내각제 포기, 보안사 해체' 등을 요구하며 13일간 단식투쟁. 신촌 세브란스병원 후송

평화 민주당 시절	1991년	4월 9일 평민당, 이우정 씨 등 재야 구야권 출신 등을 영입, 신민주연합당(신민당)으로 재출범
	1991년	9월 10일 이기택 민주당 총재와 신민당–민주당 통합 선언
	1992년	3월 24일 14대 국회의원 선거 전국구 당선
	1992년	5월 25일 민주당 전당대회에서 14대 대통령 후보로 지명
	1992년	12월 18일 14대 대통령 선거에서 낙선, 김영삼 후보 당선
	1992년	12월 정계은퇴 선언

제15대 대통령 당선	1993년	1월 26일 영국으로 출국, 케임브리지 객원교수로 연구 활동 시작
	1993년	7월 귀국
	1994년	미국 내쇼날 프레스 클럽(NPC), 북핵해결을 위한 '일괄타결', '카터방북' 제안
	1994년	12월 아시아 태평양 민주지도자회의(FDL-AP) 설립, 상임공동의장 취임
	1995년	7월 정계복귀 선언
	1995년	9월 새정치 국민회의 창당
	1997년	5월 국민회의 제15대 대통령 후보
	1997년	10월 김종필 자민련 총재와 후보 단일화에 합의
	1997년	12월 13대, 14대 대통령 선거 낙마 끝 15대 대통령 당선

제15대 대통령 시절	1998년 2월 대한민국 15대 대통령 취임
	1998년 UN 인권협회 인권상 수상
	1999년 7월 필라델피아 자유메달 수상
	2000년 1월 새천년민주당 총재
	2000년 3월 독일 베를린 자유대학에서 한반도 평화정착과 남북통일을 위한 '베를린 선언' 제안
	2000년 6월 분단 55년 만에 남북정상회담, 남북공동선언 발표
	2000년 12월 한국인 처음으로 노벨평화상 수상

퇴임이후	2003년	2월 제15대 대통령 퇴임
	2003년	11월 연세대학교 김대중도서관 개관
	2004년	1월 '김대중 내란음모사건' 재심판결에서 무죄 선고
	2004년	3월 노무현 전 대통령 탄핵당하자 '심각한 사태'라며 우려 표명
	2005년	독일연방공화국 일등대십자공로훈장
	2005년	11월 폐렴으로 입원

퇴임이후	2006년	영남대-명예정치학 박사, 전남대-명예인문학 박사, 공주대-명예교육학 박사
	2009년	7월 13일 미열을 동반한 폐렴 증상으로 연세 세브란스 병원 입원
	2009년	7월 15일 건강악화로 인공호흡기에 의지
	2009년	7월 22일 일반병실로 옮겨졌으나 상태 악화로 다시 중환자실로 옮겨짐
	2009년	8월 18일 지난달 13일 이후 5차례 정도 고비를 이겨 냈으나 끝내 서거

다시
DJ
그를
그리며

김대중을 향한 문기주의 헌사

발 행 일 | 2021년 5월
지 은 이 | 문기주
펴 낸 이 | 권오윤
펴 낸 곳 | 도서출판 수목원가는길

편집기획 | 박소영
디 자 인 | 안선영, 김희진, 이은서

등록번호 | 제2014-000002호
주   소 | 경기도 포천시 호병로 29-6
문의전화 | 1577-1056